Organisation des soins
et du travail
une revue de la littérature
pour comprendre et réussir
des transformations organisationnelles

Canadä Nous reconnaissons l'aide financière du gouvernement du Canada par l'entremise du Programme d'aide au développement de l'industrie de l'édition (PADIÉ) pour nos activités d'édition.

 Programme de crédit d'impôt pour l'édition de livres — Gestion SODEC pour nos activités d'éditions.

Santé
et Services sociaux
Québec

 Ces organismes ont contribué financièrement et pour la gestion administrative de la rédaction de cet ouvrage.

Presses Inter Universitaires
C.P. 36
Cap-Rouge, Québec
G1Y 3C6

Conception de la couverture :
  Alain Gingras, Communication Conseil
Infographie :
  Infographie InfoDi, Saint-Nicolas

ISBN : 2-89441-086-7

Publications de l'AHQ
505, boul. de Maisonneuve Ouest, bureau 400
Montréal, Québec
H3A 3C2
Téléphone : (514) 282-4228
Télécopieur : (514) 842-5910

ISBN : 2-89447-212-9

Dépôt légal : 2ᵉ trimestre 2005
Bibliothèque nationale du Québec
Bibliothèque nationale du Canada
IMPRIMÉ AU CANADA

Chantal Viens
Louise Hamelin Brabant
Mélanie Lavoie-Tremblay
Frédéric Brabant

Organisation des soins et du travail

une revue de la littérature pour comprendre et réussir des transformations organisationnelles

Préface de Linda Lepage

2005

Presses Inter Universitaires
C.P. 36, Cap-Rouge, Québec
Canada GIY 3C6

Publications de l'AHQ
505, boul. de Maisonneuve Ouest,
bureau 400, Montréal, Québec
Canada H3A 3C2

Remerciements

Nous remercions sincèrement les membres du Centre d'expertise en organisation des soins, des services et du travail de l'Association des hôpitaux du Québec (AHQ), dont principalement Diane Benoit et Benoît Bédard, co-responsables du centre d'expertise en organisation des soins, des services et du travail. Nous remercions également les décideurs-partenaires du projet de recherche « Respect » de l'hôpital Charles LeMoyne, à savoir André Tremblay et Linda Lefrançois de la Direction des ressources humaines et Angèle Bergevin de la Direction des soins infirmiers pour nous avoir confié le mandat d'élaborer cette revue de littérature. Merci de votre confiance !

Nous remercions le ministère de la Santé et des Services sociaux du Québec pour le soutien financier à cette revue de littérature ainsi que l'hôpital Charles LeMoyne et l'Association des hôpitaux du Québec qui sont d'importants partenaires associés à cette revue.

Nous ne pouvons passer sous silence l'excellent travail de lectures préliminaires accomplies par :

Jacynthe Sourdif, professionnelle de recherche du CUSM, Linda Lefrançois, adjointe par intérim à la direction des ressources humaines de l'hôpital Charles LeMoyne, Gilles LeBeau, coordonnateur de projets spéciaux au CHUQ et, pour la mise en page, Martine Renaud, étudiante en relations industrielles à l'Université Laval.

Enfin, nous aimerions souligner l'apport des personnes suivantes : Louise Beauvais, infirmière clinicienne de l'hôpital Douglas et Louise Dumas, professeure au Département des sciences infirmières à l'Université du Québec en Outaouais pour avoir partagé des écrits en lien avec cette revue de la littérature.

Ce livre est présentement à la traduction et sera disponible en anglais grâce à la contribution financière de la Fondation canadienne de la recherche sur les services de santé (FCRSS), de la Fondation de l'hôpital Royal Victoria, de la Faculté des sciences infirmières de l'Université Laval et de l'École des sciences infirmières de l'Université McGill.

Nous profitons de l'occasion pour vous présenter les membres du Centre d'expertise en organisation des soins, des services et du travail de l'Association des hôpitaux du Québec (AHQ).

- Alain Rondeau, Hautes Études Commerciales, Montréal
- Benoit Bédard, Association des hôpitaux du Québec
- Céline Gendron, CSSS de Gatineau, Gatineau
- Chantal Viens, Université Laval, Québec
- Danielle St-Louis et Lyne Cardinal, Centre hospitalier universitaire de Sherbrooke
- Diane Benoit, Association des hôpitaux du Québec
- Josée F. Breton, Centre hospitalier de l'université de Montréal
- Ghislaine Dumais et Anne Ladouceur, CSSS de Laval
- Gilles LeBeau, Centre hospitalier universitaire de Québec
- Gratienne Lamarche, Centre universitaire de santé McGill, Montréal
- Linda Lefrançois, Hôpital Charles LeMoyne, Greenfield Park
- Louise Châteauvert et Sylvie Théorêt, Institut de cardiologie de Montréal
- Lucie Grenier, CHA Hôtel-Dieu de Lévis
- Lucie Labbé, Association des hôpitaux du Québec
- Lucie Tremblay, Centre Gériatrique Maimonides, Montréal
- Martine Mayrand Leclerc, Université du Québec en Outaouais
- Mélanie Lavoie-Tremblay, Université McGill, Montréal
- Odette Bolduc, Association des hôpitaux du Québec
- Olga Medeiros, CSSS Haut-Richelieu/Rouville, Saint-Jean-sur-Richelieu

- Raymond Paquin, Association des hôpitaux du Québec
- Sylvie Hains, Ministère de la Santé et des Services sociaux du Québec
- Yola Dubé, Ministère de la Santé et des Services sociaux du Québec

Auteurs

Brabant, Frédéric, B.A., C.R.H.A.
est membre de l'Ordre des conseillers en ressources humaines agréés du Québec. Il détient un baccalauréat en Relations Industrielles, concentration gestion des ressources humaines. Il est présentement étudiant au deuxième cycle en gestion du changement à l'Université Laval.

Hamelin Brabant, Louise, inf., Ph.D. en Sociologie
est professeure adjointe à la Faculté des sciences infirmières de l'Université Laval. Ses intérêts de recherche portent sur l'organisation des soins du système de santé québécois et sur la promotion de la santé des communautés. Elle est l'auteure de plusieurs publications et elle a été invitée comme conférencière dans des universités européennes. Depuis 2003, elle participe au développement des grandes orientations du programme de maîtrise en santé communautaire.

Lavoie-Tremblay, Mélanie, inf., Ph.D. en Santé au travail
est professeure adjointe à l'École des sciences infirmières de l'Université McGill. Ses intérêts de recherche incluent le développement des ressources humaines infirmières et la gestion optimale des milieux de travail dans le domaine de la santé. Elle a été récipiendaire d'une bourse post-doctorale de la Fondation canadienne de la recherche des services de santé (FCRSS) et de l'Institut de recherche en santé du Canada (IRSC).

Viens, Chantal, inf., Ph.D. en Sciences de l'éducation
est professeure titulaire à la Faculté des sciences infirmières de l'Université Laval. Depuis 1975, elle occupe différentes fonctions en milieu clinique : infirmière soignante, infirmière clinicienne, coordonnatrice et chef d'unité. Professeure et chercheure depuis 1995, elle participe à de nombreuses recherches sur la qualité de vie et le bien-être au travail. Elle a publié sur le sujet et a donné de nombreuses conférences. Elle est sollicitée pour son expertise au Ministère de la santé et des services sociaux du Québec, à l'Association des hôpitaux du Québec, en Europe ainsi qu'auprès des gestionnaires et infirmières du réseau de la santé.
Courriel : *chantal.viens@fsi.ulaval.ca*

Préface

La publication de cette revue de la littérature sur l'organisation des soins, des services et du travail, portant principalement sur le personnel de la santé, constituera une source de référence précieuse pour tous les décideurs et gestionnaires du réseau qui, au quotidien, doivent mettre en œuvre des stratégies afin d'accroître l'efficacité et l'efficience dans leurs établissements. Quel modèle de distribution de soins est le plus efficace? Que faire pour diminuer l'absentéisme? Quel rôle devraient jouer les infirmières-chefs? Comment mieux soutenir le personnel? Une série de questions sur lesquelles cette revue de la littérature jettera un nouvel éclairage.

Cette publication suscitera également l'intérêt des membres du Conseil des infirmières et infirmiers dans les établissements. Elle pourra guider leur regard vers des facteurs souvent négligés qui influencent la qualité des soins et des services et alimenter leurs propositions d'actions à poser et de conditions à mettre en place en vue de mieux satisfaire les besoins des personnes malades et de leur famille.

Les leaders syndicaux préoccupés par la qualité de vie au travail et les conditions d'exercice de leurs membres sauront sans doute, grâce à cette publication, s'engager dans des pistes de réflexion et d'action novatrices. Les corrélations relevées dans la littérature entre des caractéristiques de l'environnement psychosocial ainsi que le temps supplémentaire et l'absence au travail attireront sûrement leur attention.

Enfin, tous les acteurs œuvrant au soutien et à la formation des leaders, des gestionnaires et des cadres infirmiers y trouveront leur compte. Quels devraient être les contenus traités dans la préparation de la relève ? Comment mieux outiller les gestionnaires appelés à gérer des ressources humaines ? Cette revue de la littérature laisse entrevoir des réponses à ces questions.

Les auteurs de cet ouvrage, Chantal Viens, Louise Hamelin Brabant, Mélanie Lavoie-Tremblay et Frédéric Brabant, ont su relever avec brio le défi de présenter une revue exhaustive de la littérature sur un ensemble de sujets découlant d'un modèle intégrateur d'organisation des soins et du travail développé par les membres du Centre d'expertise en organisation des soins et du travail de l'Association des hôpitaux du Québec, centre auquel ils collaborent.

En partageant le fruit de leurs recherches, les auteurs mettent l'optimisation des ressources humaines, des processus de travail et de l'environnement psychosocial de travail à la portée de tous ceux et celles qui se disent prêts à innover !

Linda Lepage, Doyenne
Faculté des sciences infirmières
de l'Université Laval, Québec

Principales implications pour les décideurs

Cette revue de littérature en organisation des soins et du travail présente des éléments essentiels et des pistes d'action afin de mieux comprendre et réussir des transformations organisationnelles. Plus particulièrement, cette revue permet d'identifier :

- Des facteurs importants à considérer lors d'un changement, soit la légitimité de la transformation; la disponibilité des ressources; les pressions de l'environnement; le soutien des groupes intéressés et la complexité de la transformation.

- Des stratégies d'optimisation des ressources humaines regroupées sous trois catégories : l'administration, la pratique professionnelle et le développement professionnel. Ainsi sont présentés le leadership, le style de gestion participatif, l'*empowerment*, l'autonomie, la prise de décision, les modes de distribution de soins, le ratio patient/personnel de la santé, la formation ainsi que le développement des compétences.

- Des processus de transformations organisationnelles par des méthodes telles : l'étude de temps et mouvements, l'ingénierie des processus, le Kaizen, le juste à temps et l'environnement ergonomique et sécuritaire.

- Des dimensions liées à l'environnement de travail optimal pour le bien-être social et psychologique du personnel. Il s'agit d'une charge de travail adaptée aux ressources de la personne, un certain degré d'influence au travail, un bon soutien social, un équilibre entre l'effort et la reconnaissance, un degré suffisant de prévisibilité, un travail intéressant et un rapport à la clientèle qui rend possible le contact affectif.

- Des stratégies et recommandations en lien avec les interventions organisationnelles telles que l'approche participative qui implique les employés et les gestionnaires ainsi que le soutien et l'engagement constant du supérieur hiérarchique.

- Des facteurs contribuant à la satisfaction, à la qualité de vie et au bien-être du personnel de la santé et, par conséquent, à la qualité des soins et des services offerts aux patients.

Cet ouvrage constitue donc une référence importante pour les décideurs, gestionnaires, agents de changement, formateurs et intervenants des milieux de la santé qui désirent optimiser l'environnement de travail tant pour les patients que pour le personnel.

Sommaire

Cette revue de littérature sur l'organisation des soins et du travail permet d'identifier des pistes d'action au niveau de l'optimisation des ressources humaines, des processus et de l'environnement psychosocial du travail des intervenants de la santé afin de favoriser des soins et des services novateurs de qualité au sein d'un environnement de travail optimal.

Cette revue sur les transformations organisationnelles révèle qu'avant d'entreprendre une démarche de changement au sein de l'établissement de santé, il y a lieu de poser un diagnostic précis et de connaître les conditions organisationnelles telles que le contexte, la structure, la culture, le type de leadership et la complexité du milieu où s'effectuera la transformation.

Dans de telles transformations organisationnelles, les gestionnaires et chargés de projet doivent s'assurer que les conditions optimales sont mises en œuvre adéquatement à chaque phase de la transformation. Les gestionnaires favorisant une culture participative, un processus de décision décentralisée, soutenant leur personnel obtiennent une mobilisation, du respect et de la confiance de leurs équipes de soins.

Optimisation des ressources humaines

L'optimisation des ressources humaines est favorisée par l'application des principales caractéristiques des *magnet hospitals* (McClure *et al.*, 1983). Rappelons aux lecteurs qu'on a apposé l'étiquette de *magnet hospitals* à certains hôpitaux pour désigner l'excellence des soins infirmiers aux États-Unis. Ces hôpitaux se démarquaient parce qu'ils étaient capables de recruter avec succès et de retenir des infirmières autorisées durant une période de pénurie au courant des années 1980. Voici un résumé des principales caractéristiques des *magnet hospitals* (Mayrand Leclerc, 2002; McClure *et al.*, 2002) :

Administration

- Style de gestion participatif et de soutien;
- Organisation décentralisée;
- Infirmières impliquées dans les décisions et bien informées;
- Leader visible et accessible, connu par les infirmières, qui est visionnaire et enthousiaste, en position hiérarchique de décideur;
- Gestionnaires et coordonnateurs compétents et qualifiés, visibles, disponibles, attentifs, capables de promouvoir, faciliter et soutenir l'autonomie et l'imputabilité professionnelle des infirmières, actifs dans la communauté et aux activités professionnelles;
- Ressources humaines et matérielles adéquates et appropriées;
- Valorisation de la poursuite des études, de la formation en cours d'emploi et de la croissance professionnelle des infirmières, horaires de travail flexibles.

Pratique professionnelle

- Mode de distribution de soins basé sur une pratique professionnelle autonome;
- Valorisation de l'enseignement au client, à la famille, à la communauté par l'infirmière;
- Infirmières autonomes, responsables, qui détiennent le contrôle de leur pratique;
- Disponibilités d'infirmières spécialisées;
- Relation de collaboration entre médecins et infirmières.

Développement professionnel

- Programme d'intégration sur mesure;

- Formation en cours d'emploi;
- Soutien à la poursuite des études;
- Avancement et promotion – échelons cliniques;
- Cheminement de carrière et encouragement de la recherche.

Optimisation des processus

Il existe différentes méthodes afin d'optimiser les processus liés aux transformations organisationnelles. Les études de temps et mouvements visent principalement à identifier, classifier (les tâches directement en lien avec le soin aux patients, les tâches indirectes et les autres tâches) et analyser ces différentes tâches selon les compétences du personnel qui les réalise. Les résultats de ces études permettent, dans un premier temps, de sensibiliser l'ensemble du personnel sur le temps réel des activités de soins/ services et, dans un deuxième temps, à identifier des zones possibles d'amélioration des processus de travail. Une autre méthode utilisée est le Kaizen qui vise à trouver des solutions communes à des problèmes tangibles par la collaboration des membres pour ensuite définir un plan d'action qui permettra de les mettre en œuvre. Contrairement à la réingénierie des processus, le Kaizen ne travaille pas sur la valeur ajoutée mais plutôt sur la réduction de la valeur non ajoutée représentant 95 % des opérations d'un établissement. Le Kaizen est une méthode qui permet d'agir sur sept sources de gaspillage reconnues : (1) les produits défectueux; (2) l'entreposage inutile; (3) la surproduction; (4) les attentes inutiles; (5) les transports inutiles; (6) les tâches inutiles et (7) les mouvements inutiles. Cette méthode empirique est efficace puisqu'elle offre des résultats concrets à court terme. Elle permet d'accroître la mobilisation des membres, car les solutions sont identifiées, réalisées et présentées par les employés augmentant de ce fait leur sens de l'innovation et leur motivation (Association des hôpitaux du Québec, 2003).

Afin de créer un environnement de travail sain, on doit générer un milieu de travail exempt de violence, de harcèlement et de mauvais traitements ainsi qu'un environnement privilégiant la sécurité des intervenants de la santé. Or, la littérature dévoile que la prévention dans les établissements de santé

demeure le meilleur moyen pour contrer la violence et le harcèlement psychologique. Des moyens sont suggérés tels :

- Instaurer une politique pour contrer la violence et le harcèlement en y joignant un mécanisme connu, efficace, crédible et adapté à la réalité de son établissement de santé pour
permettre à la personne de révéler, en toute discrétion, un
cas de violence ou de harcèlement;

- Favoriser envers tous les niveaux hiérarchiques du personnel une communication interpersonnelle respectueuse;

- Développer un style pro-actif de gestion des conflits, intervenir adéquatement et rapidement et ne pas laisser la situation se détériorer;

- Définir clairement les responsabilités, les rôles et les tâches
de chacun. Être équitable dans la gestion du quotidien;

- Recourir, dans certains cas, à des ressources spécialisées
comme le PAE (programme d'aide aux employés) pour
aider à faire cesser une situation de violence ou de harcèlement psychologique et en prévenir d'autres.

Optimisation
de l'environnement psychosocial du travail

De plus en plus, on reconnaît l'importance d'améliorer l'environnement de travail et la qualité de vie du personnel afin d'éliminer
la tension et la détresse psychologique. Selon Kristensen (1999),
Siegrist (1996) ainsi que Karasek et Theorell (1990), il existe des
dimensions qui favorisent le bien-être et la qualité de l'environnement de travail. Leurs études relatives aux effets sur la santé de
l'environnement psychosocial de travail permettent de relever six
dimensions qui contribuent à son optimisation pour les travailleurs. Il s'agit de la demande psychologique, la latitude décisionnelle, le soutien social, les efforts/reconnaissance, la prévisibilité
et le sens au travail.

Interventions organisationnelles

Afin de prévenir les problèmes de santé mentale au travail et
améliorer l'environnement de travail, plusieurs actions de pré-

vention peuvent être mises en place. En effet, on retrouve trois types d'intervention soit, la prévention primaire, la secondaire ou la tertiaire. La prévention primaire vise la réduction des contraintes du travail, la prévention secondaire tente d'augmenter les capacités d'adaptation des individus et la prévention tertiaire vise à traiter ou à réadapter les employés chez qui se manifestent des conséquences importantes de stress au travail (Kompier et Marcellissen, 1990; Murphy, 1988). La prévention primaire vise la réduction ou l'élimination à la source des problèmes de santé mentale au travail. Ainsi, on tente de réduire les impacts négatifs des facteurs de risque (contraintes du travail) sur les individus. Ce type d'intervention se concentre directement sur l'environnement de travail et, en définitive, sur l'organisation. De plus en plus d'études constatent que les interventions de niveau primaire, c'est-à-dire la réduction des contraintes du travail à la source, se révèlent être les plus efficaces (Lavoie-Tremblay *et al.*, 2005; Bond et Bunce, 2001; Lourijsen *et al.*, 1999).

La revue permet d'identifier des éléments clés sous-tendant le succès d'une intervention organisationnelle tels que : l'intégration des interventions dans le cadre du développement organisationnel et de la mission de l'établissement, un diagnostic adéquat et une évaluation des risques qui décrivent l'état de l'organisation avant d'introduire une intervention, une approche participative qui implique les employés et les cadres intermédiaires, l'établissement de structures afin de faciliter la communication entre les participants, l'élaboration et l'implantation de plans d'action qui impliquent l'ensemble de l'établissement, un soutien et un engagement constant du supérieur hiérarchique et un engagement formel des syndicats et autres professionnels, la promotion de l'intervention comme un processus continu (auto-portant), l'analyse des coûts/bénéfices, l'identification et l'utilisation d'indicateurs/outils visant à évaluer les effets du changement sur les résultats patient/employé/organisation et le transfert des expériences en cours vers l'ensemble de l'organisation.

Table des matières

Liste des figures

Introduction

Dans l'introduction de cette revue, nous décrivons brièvement le mandat qui nous a été confié ainsi que la méthode utilisée. La première partie de la revue établit le contexte dans lequel les soins infirmiers sont donnés, en attirant l'attention sur la pénurie de main-d'œuvre, l'organisation du travail de même que sur les écrits relatifs aux changements dans les organisations.

La deuxième partie traite de l'optimisation des ressources humaines. La littérature a été divisée en trois grandes catégories, soit l'administration, la pratique professionnelle et le développement professionnel. De façon plus particulière, les thèmes suivants sont abordés : le leadership, le style de gestion participatif, l'*empowerment*, l'autonomie, la prise de décision, les modes de distribution de soins, le rapport personnel soignant et le nombre de patients, la formation et le développement des compétences.

Dans la troisième partie, il est question de l'optimisation des processus. Ainsi, on élabore sur l'étude de temps et mouvements, l'ingénierie des processus, le Kaizen, le juste à temps et l'environnement ergonomique et sécuritaire.

Dans la quatrième partie, on s'attarde à l'optimisation de l'environnement psychosocial du travail, thème souvent traité dans les nombreux travaux portant sur la santé mentale au travail. Les dimensions liées au travail pouvant être source de détresse psychologique y sont détaillées, à savoir la demande psychologique, la latitude décisionnelle, le soutien social, les efforts par rapport à la reconnaissance, la prévisibilité et le sens au travail. Des stratégies et recommandations organisationnelles complètent cette quatrième partie.

En conclusion, la revue de la littérature propose l'énonciation de l'hypothèse suivante : un environnement sain de travail passe par la satisfaction des patients et du personnel de la santé. Aussi, cette dernière partie sera consacrée aux principaux facteurs contribuant à la satisfaction, à la qualité de vie et au bien-être des infirmières et, par conséquent, à la qualité des soins et des services offerts aux patients. Les écrits révèlent que l'autonomie, un niveau de stress gérable, le leadership, une communication efficace avec son supérieur, l'absence de conflit de rôle et une clarification des tâches, une rétroaction constructive et fréquente, de la reconnaissance, des possibilités d'avancement, une rémunération juste et un environnement physique ergonomique et sécuritaire constituent des variables corrélées avec la satisfaction au travail.

Mandat

Cet ouvrage est le résultat d'une revue des écrits publiés en organisation des soins et du travail; il est appelé à servir de base et de balises à l'analyse d'une investigation réseau de différents projets d'organisation du travail réalisés dans les établissements de santé du Québec. Les membres du Centre d'expertise ont

Figure I : Le modèle intégrateur en organisation des soins et du travail de l'AHQ

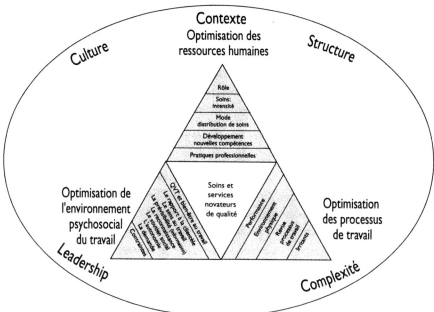

Source : Centre d'expertise en organisation des soins et du travail, 17 mai 2004.

conçu un modèle intégrateur en organisation des soins et du travail (cf. figure 1) qui a permis de regrouper les principaux thèmes de cette revue des écrits, soit l'optimisation des ressources humaines, des processus de travail et de l'environnement psychosocial du travail.

Méthode

Trois types d'écrits ont été analysés : les écrits scientifiques, les écrits professionnels ainsi que des travaux non publiés produits par des associations professionnelles ou gouvernementales (résumés, revue de littérature, rapports, études, etc.).

Les mots clés ciblés par le Centre d'expertise en organisation des soins et du travail de l'Association des hôpitaux du Québec (AHQ) sont les suivants :

- Organisation des soins et du travail
  - Réingénierie des processus (Kaizen)
  - Mode de distribution des soins
  - Aménagement du temps de travail (temps et mouvements)
  - Développement du temps de travail
    - Attraction
    - Rétention
    - Formation
    - Requalification
- Changement/Transformation
- Leadership
- Santé mentale/Santé psychologique/Détresse et essouffle-ment/Épuisement/Absentéisme/Stress
- Environnement sain de travail
  - Demande (charge de travail)
  - Reconnaissance (formation/promotion/perspectives d'avenir)
  - Soutien social (supérieurs/collègues)
  - Autonomie
  - Prévisibilité (communication)

- Rapport avec le patient (relation d'aide/communication)
- *Empowerment*
- Environnement physique (bruit/couleur/température)
- Ergonomie
- Personnel soignant
- Satisfaction au travail/Qualité de vie au travail
- Soins infirmiers
- Communication:
  - Relations interpersonnelles
  - Entre: leaders/infirmières/médecins/équipes de soins
- Pénurie de personnel

Les moteurs de recherche interrogés

- Ariane (moteur de recherche de la bibliothèque de l'Université Laval)
- Cinahl
- Ovid
- Proquest
- Blackwell-synergy
- Copernic
- Medline
- Revue Gestion en ligne
- OIIQ (Ordre des infirmières et infirmiers du Québec)
- Google
- Yahoo

Partie I

Le contexte des soins et du travail

1.1. Le contexte de la pénurie

Selon le comité consultatif canadien sur les soins infirmiers (2002), la pénurie d'infirmières constitue un problème majeur auquel les dirigeants auront à faire face dans les années à venir. En outre, le rapport du Forum national sur la planification de la main-d'œuvre infirmière (MSSS, 2001) faisait état en février 2001 de la pénurie d'infirmières que devrait affronter le Québec dans la prochaine décennie. Force est de constater que plusieurs facteurs contribuent à créer cette pénurie, notamment le vieillissement de la main-d'œuvre infirmière, la restructuration du système de santé, l'absentéisme et le temps supplémentaire. Ce contexte oblige les employeurs à prendre différentes mesures pour favoriser le recrutement et la rétention de la main-d'œuvre infirmière afin de répondre à la demande de soins de la population. Voyons de plus près certains éléments liés au contexte de la pénurie.

1.1.1. Le profil démographique

Bien que la population canadienne ait augmenté de 11 % en dix ans, les admissions à des programmes d'études en soins infirmiers ont diminué de 26 % au cours de cette période (CCCSI, 2002). La croissance de la population au Canada ainsi que la diminution des effectifs infirmiers depuis les années 1990 contribuent à la création du problème de la pénurie d'infirmières.

Toutefois, le Canada n'est pas le seul pays aux prises avec ce problème. Ainsi, aux États-Unis, en 2000, on évaluait le nombre d'infirmières autorisées à 1,89 million et la demande s'élevait à

2 millions, par conséquent, on manquait de 110 000 infirmières (6 %). Les analystes projettent qu'en 2008 la pénurie d'infirmières se chiffrera entre 400 000 et 500 000. En Europe, le constat n'est guère plus réjouissant. En 2003, on notait un manque d'effectifs de 22 000 infirmières au Royaume-Uni ainsi qu'au Danemark, de 13 000 en Allemagne et aux Pays-Bas et de 3 000 postes à combler en Suisse. Du côté de la France, 6 % des infirmières ont quitté le secteur public en 2001 (4 % en 1997) et 18 000 infirmières travaillant dans des hôpitaux publics partent à la retraite chaque année, et la situation est plus difficile encore dans le secteur privé (Conseil international des infirmières, 2003).

Il importe ici de noter qu'au Canada les soins infirmiers ont connu le plus grand afflux de femmes dans la profession pendant les années 1960 et 1970. Conséquemment, l'âge moyen des infirmières continue à augmenter et les infirmières d'un certain âge, nées pendant le baby-boom (soit entre 1946 et 1964), dominent la main-d'œuvre de soins et atteindront l'âge de la retraite entre 2005 et 2010 (Gabriel, 2001). C'est donc près du tiers des infirmières âgées de 50 ans et plus qui atteindront bientôt l'âge légal de la retraite, soit 65 ans. Si les infirmières se retirent à l'âge de 65 ans, le Canada perdra 29 746 infirmières d'ici 2006 (O'Brien-Pallas, Alksnis et Wang, 2003). Le Québec est la plus désavantagée des provinces, car la perte prévue de 9 471 infirmières d'ici 2006 est équivalente à 16 % de sa main-d'œuvre infirmière de 2001.

De surcroît, il faut savoir que bien que l'âge légal de la retraite soit 65 ans, bon nombre d'infirmières optent pour une retraite anticipée. Au Canada, la moyenne d'âge des infirmières qui quittent pour la retraite est de 56 ans (Aiken et al., 2000a). Si les infirmières devaient prendre leur retraite à 55 ans, le Canada perdrait 64 248 infirmières d'ici 2006, soit plus du quart (28 %) de la main-d'œuvre infirmière en 2001 (O'Brien-Pallas et al., 2003). Le Québec quant à lui pourrait s'attendre à perdre d'ici 2006, 15 408 infirmières, ce qui correspond à 26 % de la main-d'œuvre infirmière en 2001. Cela signifie que les infirmières les plus expérimentées, généralement les femmes d'un certain âge, laisseront la profession à un rythme alarmant et à un moment où la demande de main-d'œuvre sera très élevée. Aussi, la perspective de départ massif à la retraite fait ressortir l'urgence d'assurer le transfert des connaissances à la relève infirmière : « En quittant le domaine des soins infirmiers, ces personnes s'en vont avec des connaissances, une expertise et une productivité essentielles à la stabilité du système des soins de santé et nécessaires au soutien et à l'encadrement des nouvelles praticiennes » (CCCSI, 2002, p. 11).

Le vieillissement de la main-d'œuvre infirmière représente un défi pour la profession et les employeurs puisqu'il se produit dans un contexte déjà difficile où les infirmières soignantes et les infirmières-chefs présentent une détresse psychologique élevée et une insatisfaction au travail en raison des nombreuses restructurations du réseau de la santé (Mathieu et Mayrand Leclerc, 2002 ; Viens et Lavoie-Tremblay, 2001 ; Bourbonnais *et al.*, 2000).

1.1.2. La restructuration du système de santé

Dans l'ensemble, les années 1990 ont été marquées par des changements qui ont eu des répercussions négatives sur la qualité de l'environnement au travail et la santé des infirmières. Devant l'augmentation de la demande de services et l'obligation de procéder à des compressions budgétaires, plusieurs pays occidentaux ont réagi par une réforme des soins de santé (CII, 2000 ; Cutshall, 2000). La rationalisation de la main-d'œuvre s'est révélée une importante stratégie pour réduire les coûts et, dans plusieurs pays, c'est la main-d'œuvre infirmière qui en a été la principale cible (Adams et Al-Gasseer, 2001). Ces changements concernent, entre autres, la réduction des effectifs et la réaffectation du personnel, la modification des ratios entre temps plein et temps partiel, et le réajustement de l'éventail des qualifications (Blythe, Baumann et Giovannetti, 2001).

Une étude basée sur un échantillon de 43 000 infirmières dans plus de 700 hôpitaux dans cinq pays, soit les États-Unis, le Canada, l'Angleterre, l'Écosse et l'Allemagne, relève chez les infirmières un mécontentement au travail, une démobilisation, de l'épuisement professionnel et une intention de quitter leur employeur (Aiken *et al.*, 2001). Les infirmières ont rapporté avoir connu des augmentations de leur charge de travail, un accroissement des travaux non liés aux soins et une diminution de leur capacité d'accomplir entièrement les tâches inhérentes aux soins. Selon Aiken *et al.*, (2001, cité dans CCCSI, 2002 : 35), « la pénurie actuelle d'infirmières dans les hôpitaux des pays occidentaux s'aggravera à long terme, les infirmières se sentiront davantage insatisfaites au travail, un plus grand nombre d'entre elles quitteront la profession et la main-d'œuvre vieillissante ainsi que les jeunes infirmières seront toujours plus désireuses de quitter leur emploi en milieu hospitalier. » Selon le Comité consultatif canadien sur les soins infirmiers (2002), les résultats de cette étude sont très peu encourageants si l'on considère leurs impacts à long terme sur la santé des infirmières.

1.1.3. L'absentéisme et le temps supplémentaire

Les résultats d'une récente étude commandée par le Bureau de la politique des soins infirmiers de Santé Canada (BPSI, 2004) indiquent une progression constante du taux d'absentéisme et des heures supplémentaires chez les infirmières canadiennes. En 2002, le taux d'absentéisme lié à une maladie ou à une blessure chez l'infirmière était de 8,6 %, taux considérablement plus élevé que celui estimé en 1987 (5,9 %). Entre 1997 et 2002, le taux d'absentéisme chez les infirmières qui travaillaient à plein temps est passé de 7,8 % à 8,6 %. Au Québec, une analyse des données d'absences pour maladie certifiée de 1993 à 1999 auprès de 2 000 infirmières de l'agglomération de Québec (Bourbonnais et al., 2000) révèle que, parmi les diagnostics potentiellement associés à l'environnement de travail, soit 64,2 % de toutes les absences certifiées au cours de cette période, les diagnostics de santé mentale sont les plus nombreux (25 %), entraînent des absences d'une durée moyenne de 69,8 jours et sont suivis de problèmes musculosquelettiques (18,2 %) d'une durée d'absence de 41 jours en moyenne. La durée moyenne d'absence pour diagnostics de santé mentale passe de 51,6 jours entre 1993-1995 (période avant la transformation du réseau de la santé) à 78,1 jours en 1998-1999 (période de relative stabilisation) (Bourbonnais et al., 2000).

Par comparaison avec 47 catégories professionnelles, les infirmières-chefs et les infirmières affichent le taux d'absence temporaire le plus élevé de tous les groupes en raison de maladies ou de blessures (Wortsman et Lockhead, 2002). « Au cours d'une semaine, plus de 13 000 infirmières canadiennes, soit 7,4 % de toutes les infirmières, s'absentent du travail pour cause de blessures, de maladies, d'épuisement ou d'invalidité » (Centre syndical et patronal du Canada-CSPC, 2002, cité dans Comité consultatif canadien sur les soins infirmiers, 2002, p. 15). En outre, Wortsman et Lockhead (2002) avancent que les heures perdues en raison de maladies ou de blessures s'élèvent à 311 364 heures par semaine (soit 22,7 heures par infirmière absente). Ces chercheurs estiment qu'au cours de 2001, le système de santé canadien aura perdu en tout 16,2 millions d'heures, soit l'équivalent de 8 956 postes d'infirmières à temps plein pendant toute l'année à cause des maladies ou des blessures. « Si le taux d'absentéisme chez les infirmières baissait au même niveau que celui de toute la population active à plein temps (4,5 %), le nombre moyen d'infirmières autorisées absentes chaque semaine passerait de 13 700 à environ 8 400, soit une réduction de 5 300 infirmières absentes chaque semaine. On pourrait regagner 6,3 millions d'heures, soit l'équivalent de 3 481 postes à plein temps pendant toute l'année, en réduisant les taux d'absentéisme causés par la maladie » (Wortsman et Lockhead, 2002 cité dans CCCSI, 2002 : 76).

Ces nombreuses et longues absences contribuent à aggraver le problème de temps supplémentaire. En 2002, 26 % de toutes les infirmières ont travaillé des heures supplémentaires chaque semaine, pourcentage supérieur à celui estimé en 2001 (23,9 %), beaucoup plus élevé que le taux de 1997 (15,3 %) et supérieur à la moyenne déclarée pour tous les groupes de travailleurs (22,5 %) (BPSI, 2004). « Les infirmières canadiennes font presque un quart de million d'heures supplémentaires chaque semaine, ce qui équivaut à 7 000 emplois à temps plein sur une période d'un an » (Centre syndical et patronal du Canada, 2002, cité dans Comité consultatif canadien sur les soins infirmiers, 2002, p. 15). Wortsman et Lockhead (2002) appuient cette affirmation en soulignant que chaque semaine 38 400 infirmières-chefs et infirmières font en moyenne 6,4 heures supplémentaires, rémunérées ou non. Le nombre total d'heures supplémentaires (rémunérées et non rémunérées) s'élève à plus de 240 000 heures par semaine, soit 12,7 millions d'heures par année; la plus grande partie de ces heures supplémentaires (72 %) sont rémunérées en argent ou en temps. On estime qu'en 2001, les heures supplémentaires du secteur de la santé ont coûté entre 252,3 millions et 430,8 millions de dollars au Canada.

Comme le font remarquer les membres du Comité consultatif canadien sur les soins infirmiers : « Nous dépensons d'énormes sommes d'argent qui n'apportent absolument aucun avantage et qui seraient beaucoup plus efficaces si nous les investissions dans le système» (CCCSI, 2004, p. 24). Les taux élevés d'absentéisme et de temps supplémentaires illustrent l'urgence d'agir pour contrer cette tendance et améliorer la santé des infirmières. Les résultats d'une recherche menée par O'Brien-Pallas *et al.*, (2001) indiquent une correspondance quasi parfaite entre le nombre d'heures supplémentaires et les congés de maladie, ainsi qu'entre les heures supplémentaires et le nombre de blessures (O'Brien-Pallas *et al.*, 2001; Shamian *et al.*, 2001). Enfin, il semble impératif de revoir l'organisation des soins infirmiers au sein du réseau de la santé afin d'améliorer la santé des infirmières.

1.1.4. L'organisation des soins infirmiers et du travail

La restructuration du système de santé et les réductions budgétaires ont entraîné de nombreux changements dans l'organisation des soins infirmiers. Ainsi, les infirmières exercent des rôles et des fonctions qui ne relèvent pas exclusivement de leurs compétences professionnelles et, par conséquent, elles n'ont pas toujours le temps nécessaire pour accomplir certaines activités de soins infirmiers qui contribuent à la qualité des soins. Il ressort que la compétence collective des infirmières et les taux de dotation en personnel infirmier constituent d'importantes variables explicatives de la mortalité des patients (Aiken, Sloane et Sochalski, 1998; Aiken, Smith et Lake, 1994; Prescott, 1993). En effet, un examen des études réalisées par Aiken, Clarke *et al.*, (2000a) publiées dans le *Journal of Health and Human Services Administration* révèle «qu'un meilleur rapport infirmière-patients est directement lié à la satisfaction des patients et à leur qualité de vie à leur sortie de l'hôpital, à leurs connaissances et à leur observance des traitements et qu'ils subissent moins de complications pendant leur séjour à l'hôpital, à des coûts réduits et à un séjour plus bref et plus sécuritaire à l'hôpital» (Aiken *et al.*, 2000a, cité dans CCCSI 2002 : 36). Needleman *et al.*, (2002) ont démontré l'existence d'une corrélation entre les soins offerts par des infirmières enregistrées et les variables suivantes : une diminution de la durée de séjour chez des patients requérant une forte intensité de soins, un taux moins élevé d'infections des voies urinaires, de saignements gastro-intestinaux supérieurs, de pneumonie, de chocs cardiogènes ou d'arrêts cardiaques et de

« *failure to rescue* » définie comme des décès dus à une pneumonie, un choc ou un arrêt cardiaque, à une septicémie ou à une thrombose veineuse profonde.

Il ressort que les infirmières soignantes effectuent des tâches qui ne sont pas toujours en lien direct avec le patient. Même si les infirmières travaillent plus fort et pendant de plus longues heures, elles se sentent insatisfaites du niveau de soins qu'elles parviennent à donner aux patients et sont plus irritées de voir le nombre de tâches administratives, non liées aux soins infirmiers, qui les empêchent d'offrir des soins de qualité à leurs clients. Les répercussions de l'augmentation de la charge de travail sont complexes : « comme elles sont trop peu nombreuses et ont trop de responsabilités, les infirmières se sentent éloignées des valeurs et des éléments fondamentaux de leur profession, et elles ne se sentent pas fières et satisfaites de leur travail; elles se sentent toujours moins productives et efficaces » (Thomson, Dunleavy et Bruce, 2002, p. 24, cité dans CCCSI, 2002 : 21).

Les changements dans l'organisation des soins infirmiers se reflètent également dans le leadership et la gestion des infirmières. Les gestionnaires représentent des modèles de leader pour les infirmières et se doivent d'être présents sur les unités afin de comprendre, connaître et reconnaître le travail réel et susciter la mobilisation des soignantes. Or, la réduction des postes d'infirmières-chefs dans le cadre de la restructuration du réseau a affecté la structure de leadership dans les milieux de soins et, par conséquent, le style de gestion des cadres. Ainsi, en 2000, on dénombrait 7,7 % des infirmières qui occupaient un poste de gestionnaires, par rapport à 10,1 % en 1994 (Institut canadien d'information sur la santé, 2001), soit une diminution de près de 5 500 postes de gestionnaires. La diminution assez radicale de postes d'infirmières-chefs et la modification de leurs fonctions font une brèche dans la structure de leadership visant les infirmières (Mathieu et Mayrand Leclerc, 2002).

1.1.5. La perspective globale

Comme nous l'avons déjà mentionné, les problématiques liées aux infirmières ne sont pas particulières au Canada. En effet, plusieurs études menées à l'échelle mondiale ont montré qu'un grand nombre de ces problèmes était universel (Duffield et O'Brien-Pallas,

2002 ; Aiken *et al.*, 2001 ; Baumann, O'Brien-Pallas *et al.*, 2001) et que, malgré les différences culturelles, géographiques et d'ordre économique, les problèmes auxquels font face les infirmières se ressemblent à plus d'un égard (CCCSI, 2002).

Bien que les pays soient affectés à divers degrés et dans des spécialités médicales différentes, il demeure que la pénurie des infirmières représente une problématique tant au plan national qu'international. Après avoir analysé l'impact que ce manque prolongé d'infirmières pourrait avoir sur le système de santé aux États-Unis, des organismes relatifs à la santé ont fait part de leurs inquiétudes aux législateurs afin qu'ils prennent des mesures immédiates. Janiszewski Goodin (2003) avance que, sans aucun doute, les États-Unis éprouvent des difficultés en ce qui a trait à la prestation de soins. Au Canada, plusieurs stratégies ont été mises en œuvre afin de contrer la pénurie d'infirmières et d'assurer la qualité des soins. Mentionnons la formation du Comité consultatif canadien sur les soins infirmiers qui a déposé un rapport intitulé : *Notre santé, notre avenir : un milieu de travail de qualité pour les infirmières canadiennes* et la création du projet « Construire l'avenir : une stratégie intégrée pour les ressources humaines infirmières au Canada ». Ce dernier est un projet-jalon et constitue la première étude nationale sur les sciences infirmières qui soit à la fois entérinée et dirigée par des groupes d'acteurs de ce domaine au Canada. Récemment s'est ajoutée *L'initiative de la promotion de la santé en milieu de travail* du Bureau de la politique des soins infirmiers de Santé Canada pour donner suite au plan d'action adopté en février 2003 par les premiers ministres des provinces du Canada en vue de favoriser l'accès à des soins de qualité à tous les Canadiens et Canadiennes. Au Québec, le Forum national sur la planification de la main-d'œuvre infirmière, créé en 1999 par le ministère de la Santé et des Services sociaux, a permis de mettre en branle un plan d'action visant, entre autres, à résorber la pénurie d'infirmières (MSSS, 2001).

Le souci croissant causé par le manque d'infirmières à l'échelle mondiale obligera à revoir le système de dotation et à envisager des mesures pour retenir les infirmières. Les résultats des nombreuses études soulignent l'importance des facteurs de l'environnement de travail tels que l'autonomie, le contrôle de la pratique, les rapports de collaboration avec les médecins et, finalement, la satisfaction professionnelle; ces facteurs sont essentiels pour maintenir à l'emploi et motiver des infirmières qualifiées (Laschinger *et al.*, 2001). Ainsi, différentes mesures doivent être prises afin de créer des milieux de travail sains qui soutiennent la prestation de soins et services de qualité, améliorent la santé et le bien-être des travailleurs et contribuent à réduire l'absentéisme et les heures supplémentaires et, par conséquent, la pénurie d'infirmières. Créer des milieux sains au travail exige l'instauration de processus de transformation et des changements majeurs dans le travail infirmier. Aussi, la prochaine section fait état des facteurs généraux, mais incontournables à prendre en considération lors de changements afin de s'assurer que la planification, la mise en œuvre et l'évaluation des initiatives des établissements de santé soient couronnées de succès.

1.2. Le contexte du changement

Tenter de cerner la façon optimale d'apporter des changements au sein du réseau de la santé est une entreprise comportant plusieurs difficultés que nous n'avons d'ailleurs pas la prétention de surmonter en totalité. D'abord, le recueil de l'information nécessaire représente un travail énorme et ardu, puisqu'il faut consulter une multitude de documents de divers domaines : sciences infirmières, sociologie, politique, relations industrielles, économie, management, psychologie, etc. Puis, une seconde difficulté, et non la moindre, réside dans la nécessité de trouver une définition d'une transformation qui tienne compte des mutations en cours dans une organisation et puisse guider les acteurs en présence. Ainsi, la définition retenue est celle de Fabi, Martin et Valois, car elle se rapproche du modèle intégrateur du centre d'expertise de l'AHQ, présenté en début de document :

> Une transformation organisationnelle se définit comme étant un changement qui concerne certains aspects clés d'un système organisationnel; cela comprend notamment la stratégie, la structure, les ressources humaines, la culture, la technologie, la distribution du pouvoir et le contrôle. C'est un phénomène à caractère exceptionnel qui se distingue des transformations routinières. Une transformation organisationnelle a pour principales causes des modifications de l'environnement externe ou des changements survenus à l'interne, comme la mise en

place d'une nouvelle équipe de direction ou une modification des ressources disponibles. Enfin, la finalité d'une transformation organisationnelle est d'augmenter les performances de l'organisation tout en conciliant les aspects humains et sociaux (Fabi, Martin et Valois, 1999, p. 104).

1.2.1. Les facteurs importants à considérer lors d'un changement

Rondeau et Laliberté (1999) relèvent cinq facteurs importants à considérer lors d'un changement :

1) La légitimité de la transformation;

2) La disponibilité des ressources;

3) Les pressions de l'environnement;

4) Le soutien des groupes intéressés;

5) La complexité de la transformation.

Tout d'abord, une transformation sera considérée comme légitime si elle contribue à optimiser et développer les processus qui sont perçus comme étant critiques pour le succès de l'organisation. L'établissement d'un lien clair, réel ou anticipé, avec la performance organisationnelle est indispensable pour introduire un changement majeur. Bref, un changement aura plus de chances d'être accepté si les principaux acteurs sont insatisfaits du système en place; du moins, leur résistance sera plus faible. La disponibilité des ressources est aussi une variable importante à prendre en considération.

Une vision sans moyens n'a pas de grandes chances de se réaliser. Il faut beaucoup plus que la seule volonté des acteurs pour changer. Cela nécessite la mise en place de pratiques, d'outils, de modes de fonctionnement qui requièrent des investissements non négligeables. Moins une organisation est en mesure d'accéder à des ressources appropriées ou de réallouer ses ressources existantes pour appuyer sa transformation, plus le virage escompté sera difficile à réaliser (Rondeau et Laliberté, 1999, p. 16).

Par ailleurs, les pressions de l'environnement peuvent contribuer autant à inciter qu'à restreindre le changement. La présence d'une pression externe peut améliorer la participation des membres de l'organisation et les entraîner sur la voie d'une transformation; les pressions de l'environnement prendront alors la forme d'une force propulsive. En revanche, ces pressions peuvent aussi faire obstacle au changement. En effet, lorsque ces pressions sont excessives, les transformations requises sont souvent si radicales et éloignées de la mission organisationnelle que toute l'énergie favorable à la transformation disparaît. Ses objectifs semblent alors irréalisables ou non désirables.

Les transformations auront plus de chances de se réaliser si elles se situent dans un équilibre qui n'excède pas la limite entre une trop grande pression et une pression trop faible. De surcroît, le soutien des groupes intéressés s'avère être un aspect essentiel à examiner lors d'une transformation; de tels groupes peuvent être constitués d'acteurs ayant une influence sur l'évolution de l'organisation (par exemple le gouvernement et les fournisseurs). Plus ces groupes soutiennent les efforts de changement de l'établissement et le considèrent comme légitime, plus la démarche de transformation est susceptible de donner de bons résultats.

Le soutien peut également provenir d'une autre catégorie de groupes intéressés, soit d'autres organisations confrontées à des changements similaires. En observant l'expérience des autres, il est parfois possible d'apprendre de leurs bons coups, d'éviter certaines de leurs erreurs et ainsi d'élaborer ses propres stratégies gagnantes.

Finalement, certaines caractéristiques propres à chacune des organisations peuvent rendre leur transformation plus complexe. Il s'agit de composantes faciles à évaluer telles que la taille, la variété des services offerts à la population, la diversité des clientèles desservies, les technologies utilisées dans ses opérations et les qualifications de son personnel. En outre, Hafsi et Fabi (1997) signalent que la complexité et l'ampleur d'un processus de transformations organisationnelles font que le succès résulte d'une multitude de facteurs relatifs à l'environnement externe, aux caractéristiques organisationnelles ainsi qu'à celles des employés. Comme le stress accroît le désir de changer et l'inertie intensifie la résistance au changement, on peut dire que la capacité de changement sera mesurée en tenant compte de ces deux aspects.

Figure 2 : **Le modèle Hasfi-Fabi sur le changement stratégique**

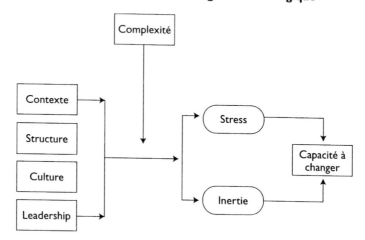

Source : Hafsi (1999, p. 145).

Somme toute, les employés vivant un changement au sein d'une entreprise passent par toute une gamme de réactions, comme en témoigne ce chef d'entreprise :

> Au fil des ans et des expériences de changement plus ou moins réussies, j'ai appris à porter une attention spéciale aux différentes réactions de mes employés tout au long de la période de mise en œuvre du changement. Alors qu'au tout début, les employés donnent souvent l'impression de ne pas prendre la nouvelle du changement au sérieux en continuant leur boulot comme si de rien n'était, ils sont ensuite envahis par l'incertitude et deviennent à la fois méfiants et insécures. Ils veulent savoir ce qui leur arrivera personnellement à la suite du changement. Ils demandent alors des garanties, par l'entremise de leur syndicat, sur le nombre de postes touchés et sur l'engagement ferme de la direction à aller jusqu'au bout du projet de changement. Par la suite, il y a une ouverture au dialogue : ils veulent discuter du changement et du processus ayant mené à l'adoption du projet, et veulent en connaître les tenants et les aboutissants. Puis, peu à peu, les employés commencent à douter d'eux-mêmes et de leur capacité à faire face au changement; ils trouvent cela difficile d'avoir à acquérir de nouvelles connaissances et de nouvelles habiletés. Vers la fin du projet, certains d'entre eux sentent le besoin d'échanger et de partager ce qu'ils vivent et sont fiers de devenir des formateurs et des partenaires (Bareil et Savoie, 1999, p. 86).

1.2.2. La nature du changement : évolutif ou radical

Une transformation peut s'effectuer de manière radicale ou évolutive. Dans le premier cas, les changements se déroulent rapidement et apparaissent souvent comme partiels, c'est-à-dire limités
à une partie de l'organisation et visant un ou deux processus
(Cornet, 1999). Selon Hafsi et Fabi (1997), les changements radicaux ne sont satisfaisants que lorsqu'il y a des indices de déclin
de l'organisation et que les dirigeants détiennent une grande latitude décisionnelle. Ainsi, une rupture dans la structure organisationnelle est indéniable.

Dans le second cas, le changement est incrémental ou évolutif,
c'est-à-dire qu'il se produit sur une base continue et évolutive.
De manière générale, un changement incrémental se déroulera
sur une plus longue période et aura la particularité de s'adapter
au modèle déjà en place. Toutefois, quel que soit le type de
changement amorcé, les embûches sont nombreuses et certains
auteurs, dont Hammer et Champy (1993), révèlent un taux
d'échec pouvant atteindre 70 %. Les résultats ne sont pas toujours visibles ou ils sont difficiles à cerner. Dans un processus de
changement, la phase de planification se révèle souvent plus
lente et plus complexe qu'il n'était prévu, d'importants obstacles
apparaissent dans la phase d'implantation, amenant parfois certaines organisations à renoncer à leur projet. Selon Cornet (1999),
cela arrive lorsque les entreprises optent pour des changements
trop partiels ou trop progressifs (changements incrémentaux
plutôt que radicaux). Il lui apparaît donc important de trouver
l'équilibre de manière à maintenir la collaboration des principaux acteurs tout au long du projet. Cette auteure précise à cet
égard que :

> L'équipe dirigeante limite trop souvent son implication à des
> gestes qui l'impliquent peu, comme la sollicitation de l'appui
> des cadres de premier niveau ou la diffusion de messages qui
> visent à justifier et à encourager le changement. Peu de gestes
> concrets sont posés, par exemple pour rassurer les employés
> (garanties sur les emplois, consultation des syndicats, mobili-
> sation de moyens humains et financiers, etc.). La direction
> prend rarement position quand des questions concrètes surgis-
> sent sur les conséquences du processus de changement ou
> quand des conflits apparaissent [...]. L'opposition entreprise

par les dirigeants des unités fonctionnelles à l'égard du partage de leurs acquis est souvent critiquée : on parle de « baronnies », de sauvegarde de territoire et de pouvoir (Cornet, 1999, p. 71).

Lors de l'introduction de grands changements, la direction peut devenir anxieuse à l'idée de perdre certains privilèges; elle ne se questionne pas suffisamment, n'ajuste pas autant qu'il le faudrait son style de leadership à la nouvelle organisation et ne délègue pas assez. Les chefs ont besoin d'encadrement et de soutien pour assumer leurs nouveaux rôles. Le manque de clarification concernant les responsabilités hiérarchiques est un obstacle non négligeable. Le manque de compétence des gestionnaires pour gérer les peurs et les irritants suscités par la réingénierie est aussi évoqué comme une grande difficulté. Plusieurs cadres disent se sentir démunis devant les nombreux problèmes liés aux caractéristiques humaines. Faute d'avoir les comportements adéquats, les résistances au changement s'intensifient et les attitudes de retrait se multiplient.

De plus, les équipes de projets manquent souvent d'information, notamment d'information stratégique. Pour reconfigurer les processus, elles doivent avoir une idée des changements envisagés par l'organisation, mais la direction hésite encore à partager cette information jugée secrète. Pour les équipes de processus, outre les diverses lacunes en matière de gestion des groupes, les auteurs pointent un manque dans les langages intermétiers qui permettraient aux différents acteurs de se comprendre et de communiquer autour d'une logique de processus et non plus autour d'une logique fonctionnelle (Lorino, 1995). Pourtant, à l'instar de plusieurs chercheurs, Florent Francoeur, président-directeur général de l'Ordre des conseillers en ressources humaines et en relations industrielles agréés du Québec, soutient que la communication est primordiale en période de changement : « La réussite de grandes transformations au sein d'une entreprise est étroitement liée à l'engagement des individus et à leur adhésion au projet. Mais comment pourraient-ils participer et s'engager sans même connaître la trajectoire, l'objectif, l'aboutissement ? »[1]. Effectivement, pour éviter autant que

---

1 *http://www.portail-rhri.com/tendance/tendance.asp?idFicDoc=9627*

possible la résistance tout au long du projet de réorganisation, il faut s'assurer de mettre en place des mécanismes de communication bidirectionnelle qui assureront une interaction constante entre la direction et les employés. Fabi, Martin et Valois (1999) rapportent à ce sujet que l'engagement organisationnel est directement lié à la performance organisationnelle.

En définitive, dans des secteurs à forte densité de main-d'œuvre comme la santé et les services sociaux, un projet de réorganisation doit impérativement viser le maintien du degré d'engagement des employés, afin qu'ils puissent s'approprier les objectifs stratégiques de l'organisation pour assurer sa survie à moyen et à long terme. Pour bien comprendre le défi que pose un changement organisationnel, citons Bayad *et al.*, (2002) qui décrivent avec justesse la problématique soulevée par la transformation dans le domaine hospitalier en France :

> Le problème du changement organisationnel dans les hôpitaux a fortement évolué en l'espace de quelques années. Le changement est devenu à la fois le décor, le sujet et l'objet de la pièce qui se joue dans les organisations hospitalières. En effet, le problème de l'hôpital n'est plus de s'adapter à une évolution localisée dans le temps et dans l'espace, mais de suivre un mouvement continu de transformation de la société, qui exige des acteurs et de l'organisation une capacité à s'adapter à une demande sociale caractérisée moins par sa substance que par son mouvement. Pour certains, comprendre le changement des organisations hospitalières revient à comprendre le changement de la société et des citoyens dans leurs espoirs et leurs inquiétudes. Pour comprendre ce changement, les questions liées du sens, du rythme, de la forme et de la relativité de la réalité vécue au sein de l'hôpital s'imposent progressivement face aux ambitions de démarches d'intervention basées sur la recherche d'une régularité organisationnelle indiscutable (Bayad et al., 2002, p. 102).

1.2.3. Les facteurs de réussite d'une transformation

D'entrée de jeu, notons que plusieurs auteurs s'entendent pour dire que la formation et la mobilisation sont des éléments clés pour atteindre les résultats escomptés lors d'une transformation organisationnelle.

La formation

Tout d'abord, pour réussir un changement, les dirigeants doivent s'assurer que les employés possèdent les qualifications et les attitudes nécessaires au bon déroulement du projet; cette réussite passera par la formation des employés. Fabi et Jacob (1994 : 55) soutiennent :

> Qu'il n'est pas superflu d'insister sur l'importance de la formation comme déterminant majeur du succès de toute forme de réorganisation du travail. À plus forte raison lorsque cette réorganisation se veut « renouvelée » et qu'elle se fonde sur un enrichissement des tâches, la responsabilisation et l'augmentation de l'autonomie. Une telle réorganisation suppose l'apprentissage de nouveaux rôles, l'acquisition de nouvelles connaissances et le développement de nouvelles attitudes et de nouvelles habiletés. Ceci exige de l'organisation qu'elle favorise la formation professionnelle continue axée sur les contenus suivants : la formation technique spécifique en milieu de travail, notamment en nouvelles technologies; la formation psychosociale portant sur la dynamique de groupe, la conduite de réunions, la communication, le leadership et la participation; la formation en techniques d'analyse et de résolution de problèmes.

À titre d'exemple, mentionnons un cas intéressant et réussi de réorganisation du travail basé notamment sur un fort engagement envers la formation du personnel.

> Il s'agit de l'hôpital Maisonneuve-Rosemont de Montréal, qui a associé sa stratégie de mobilisation des ressources humaines à une pratique intensive de formation continue s'adressant à tous ses personnels et portant aussi bien sur la formation interne que sur des activités externes comme la participation à des séminaires, des colloques et des cours dans des établissements scolaires ou universitaires. Même en période de restrictions budgétaires, les dirigeants de l'hôpital étaient suffisamment convaincus de l'importance de cette formation pour y consacrer près de 1 200 000 $ au cours de l'année 1992 (Fabi et Jacob, 1994 : 55).

Associée à l'organisation du travail, la formation des acteurs est un instrument majeur d'évolution et le principal facteur d'adaptabilité des professionnels du milieu hospitalier selon Coudray *et al.,* (2001). Dans le même ordre d'idées, une étude réalisée en France par Bayad *et al.*, (2002), sur la qualité totale dans le milieu hospitalier révèle que certains acteurs auraient apprécié détenir une plus grande formation lors de l'implantation du processus de qualité totale; ils auraient aimé avoir la possibilité de recourir à des professionnels de communication qui auraient pu les aider de manière soutenue.

En outre, plusieurs dispositifs de formation mis en place apparaissent souvent comme étant insuffisants ou les formations dispensées sont trop axées sur les aspects techniques. Rondeau et Laliberté (1999) observent qu'elles ne sont pas offertes au bon moment : elles arrivent soit trop tôt soit trop tard. De leur côté, Doherty et Horsted (1996) relèvent un contenu de formation qui est essentiellement *top-down,* structuré autour de ce qui est perçu comme important par la direction et les chefs de projet et de département sans que l'on ait tenu compte des attentes des individus.

La mobilisation face au changement

Une étude menée par Tremblay *et al.*, (2000) auprès de 536 salariés et cadres québécois est intéressante à plus d'un égard. D'abord, cette recherche poursuit l'objectif d'élargir le champ de comportements humains, plus particulièrement ceux s'avérant non traditionnels par une mesure originale de comportements mobilisateurs. Ensuite, elle repose sur des modèles conceptuels ayant des assises théoriques validées, en l'occurrence le modèle de Lawler (1986), qui stipule que quatre conditions doivent être réunies pour accroître l'engagement organisationnel et la mobilisation de comportements discrétionnaires au travail, à savoir le partage de l'information, le partage du pouvoir, la gestion des compétences et la possibilité d'obtenir des récompenses monétaires et non monétaires.

Les pratiques de partage d'information semblent jouer deux rôles importants. D'une part, l'employé va mobiliser ses compétences et s'impliquer dans son travail s'il comprend bien les tâches qu'il doit effectuer; ainsi, il sera en mesure d'agir selon les intérêts de l'organisation. D'autre part, l'employé sera d'autant plus mobilisé s'il a l'impression que l'organisation fait cas de ses préoccupations, de ses opinions, de ses recommandations et, conséquemment, s'efforce d'en tenir compte.

Le partage du pouvoir[2] fait référence aux processus de prise de décision dans l'organisation. Plus précisément, il vise à réaménager le travail pour qu'il soit à la fois plus satisfaisant et plus utile pour chaque membre de l'organisation, mais aussi pour qu'il implique solidairement chaque individu dans la planification et le contrôle des résultats (cercles de qualité, groupes d'amélioration de la qualité, etc.; Tremblay *et al.*, 2000).

Pour Lawler (1986, 1992), la gestion des compétences apparaît aussi comme un levier central dans l'effort d'implication des employés. Suivant la théorie des ressources (Barney, 1991), les efforts de développement des compétences, par la formation ou d'autres activités de promotion professionnelle (par exemple la mobilité), révèlent aux employés que l'organisation considère son capital humain comme une valeur importante dans l'organisation (Fiorito, Bozeman et Young, 1997). Le développement et l'utilisation des compétences permettent d'accroître non seulement la confiance et le désir d'établir des rapports durables entre les employés et l'organisation, mais aussi le sentiment de soutien organisationnel (Smith, 1995).

Enfin, les récompenses monétaires et non monétaires constituent une dimension importante à considérer afin de réussir un changement. La rémunération est constituée de cinq éléments fondamentaux : le salaire, les augmentations de salaire, l'échelle salariale, les avantages sociaux et la gestion des salaires (Heneman et Schawb, 1985). Les quatre premiers principes renvoient à la justice distributive, alors que le dernier se réfère à la notion de justice procédurale. De façon plus précise, la justice distributive vise la réaction des individus à l'égard de leurs rémunérations et la justice procédurale concerne la manière dont les individus réagissent aux procédures qui ont orienté les décisions en gestion de ressources humaines (Tremblay *et al.*, 2000).

Si l'on examine maintenant de plus près les résultats de l'étude de Tremblay *et al.*, (2000), ceux-ci nous révèlent tout d'abord que l'engagement organisationnel et les comportements au travail

---

2 Diverses études ont d'ailleurs permis de découvrir l'existence de relations positives entre le partage du pouvoir et la participation aux décisions (Rodwell, Kienzle et Shadur, 1998; Fiorito *et al.* 1997), l'autonomie au travail et l'engagement organisationnel (Cohen, Ledford et Spreitzer, 1996; Dillon et Flood, 1992).

sont influencés par la mise en œuvre des pratiques de gestion des ressources humaines ainsi que par la manière dont elles sont perçues par les individus. La mise en œuvre de pratiques de partage d'information a une influence positive sur l'attachement des répondants. Comme le relevait Lawler (1992) : « le partage d'information serait perçu par les individus comme une marque de confiance et un acte de transparence qui participeraient au développement d'un état psychologique favorisant l'identification et l'attachement à l'organisation » (Tremblay *et al.*, 2000, p. 18). Ces auteurs québécois ont de surcroît mis l'accent sur le rôle prépondérant des pratiques visant à responsabiliser les salariés.

Corroborant les résultats d'études antérieures (Rodwell *et al.*, 1998; Fiorito *et al.*, 1997; Cohen *et al.*, 1996; Dillon et Flood, 1992), ce qui transparaît dans l'étude de Tremblay *et al.*, (2000), c'est que les pratiques visant à accroître l'influence et l'autonomie au travail semblent avoir un effet considérable sur l'engagement affectif. Ces pratiques amèneraient ainsi les employés à se sentir plus importants, responsables et libres d'utiliser leur créativité et leurs compétences. Les employés percevraient cela comme une marque de confiance des dirigeants, ce qui les disposerait à investir pleinement dans l'accomplissement de leur travail.

Selon le modèle conceptuel de Lawler (1986) et l'étude de Wils *et al.*, (1998), la reconnaissance des contributions était une condition préalable à l'implication. Les études antérieures n'avaient toutefois pas proposé de classifications relativement aux pratiques de rémunération susceptibles d'influencer les attitudes et les comportements. Par rapport aux théories sur la rémunération, deux constats ont émergé de l'étude de Tremblay *et al.*, (2000). D'une part, l'engagement affectif peut être renforcé lorsque la rémunération est perçue par les employés comme étant juste et équitable et lorsque la reconnaissance non monétaire est utilisée dans les organisations; d'autre part, la justice distributive aurait peu d'influence sur l'engagement affectif.

Signalons que l'influence sur l'engagement affectif de la reconnaissance non monétaire par le supérieur immédiat n'a pas été traitée de manière approfondie dans la littérature. La relation positive observée corrobore les résultats de certains travaux sur le rôle de la rétroaction et du renforcement positif (Cohen *et al.*, 1996; Smith, 1995; Dillon et Flood, 1992). Ainsi, Tremblay *et al.*,

(2000, p. 19) affirment que : « les efforts de reconnaissance seraient perçus par les employés comme des preuves tangibles d'appréciation et de support organisationnel. Ces marques de reconnaissance seraient d'autant plus appréciées qu'elles revêtent un caractère non obligatoire par les représentants de l'employeur ».

À ce jour, peu d'études ont soulevé la relation entre la reconnaissance non monétaire et les comportements discrétionnaires. Les résultats des chercheurs ont indiqué que lorsque le supérieur immédiat reconnaît de façon manifeste et par des moyens non monétaires les contributions de ses collègues, ceux-ci tendent à être plus disposés à adopter des comportements hors rôles ou de mobilisation. Ainsi, les auteurs ont observé que les pratiques de reconnaissance non monétaire ont une influence plus grande sur la mobilisation que les pratiques de rémunération à caractère monétaire (un bon salaire, un salaire juste par rapport au marché, bonis individuels ou d'équipe, etc.). Dans une étude antérieure, Tremblay, Rondeau et Lemelin (1998) avaient obtenu le même résultat : la reconnaissance par les supérieurs immédiats serait perçue comme une marque d'estime et de respect.

Enfin, concernant les procédés reliés à l'*empowerment*, cette recherche a permis de démontrer le rôle prédominant des pratiques visant à favoriser l'autonomie, l'influence et l'utilisation des compétences. Plus les acteurs perçoivent que leur organisation leur laisse une liberté relative dans l'exécution de leur travail, plus ils considèrent avoir une certaine influence au travail, plus ils perçoivent avoir la possibilité d'utiliser leurs compétences dans leur travail, plus ils sont disposés à faire des efforts comportementaux de mobilisation. Dans une étude antérieure, Tremblay *et al.*, (1998) et Igalens et Barraud (1997) ont obtenu les mêmes résultats. Les organisations qui adoptaient des pratiques visant à donner plus d'autonomie et de pouvoir (par exemple les groupes de travail autonomes) ou à favoriser l'expression directe et le droit de parole, voyaient le degré de mobilisation des salariés augmenter.

Comme nous l'avons déjà relevé en introduction, la revue des écrits sur l'organisation des soins et du travail est présentée selon trois grands thèmes : l'optimisation des ressources humaines, des processus de travail et de l'environnement psychosocial du travail. La prochaine partie traite de l'optimisation des ressources humaines à la lumière des caractéristiques des *magnet hospitals*.

PARTIE 2

L'optimisation des ressources humaines

Pour ce tour d'horizon sur l'optimisation des ressources humaines, nous avons choisi de regrouper la littérature sous trois catégories identifiées comme des facteurs ou conditions organisationnels et professionnels par les *magnet hospitals* : l'administration, la pratique professionnelle et le développement professionnel (McClure *et al.*, 1983). Rappelons que l'étiquette de *magnet hospitals* désigne les hôpitaux où est appliqué le *golden standard* des soins infirmiers aux États-Unis. Ces hôpitaux se sont démarqués par leur capacité de recruter et de retenir des infirmières autorisées durant une période de pénurie au cours des années 1980. Généralement, les *magnet hospitals* possèdent les caractéristiques suivantes : les infirmières les perçoivent comme des établissements prodiguant de bons soins aux patients, ils affichent un faible taux de roulement et sont localisés dans un environnement hautement compétitif, c'est-à-dire que l'hôpital n'est pas le principal employeur de la région.

La majorité des chercheurs résume ainsi les principales caractéristiques des *magnet hospitals* (Mayrand Leclerc, 2002; McClure *et al.*, 2002) :

Administration

- Style de gestion participatif et de soutien;
- Organisation décentralisée;
- Infirmières impliquées dans les décisions et bien informées;
- Leader visible et accessible, connu par les infirmières, qui est visionnaire et enthousiaste, en position hiérarchique de décideur;

- Gestionnaires et coordonnateurs compétents et qualifiés, visibles, disponibles, attentifs, capables de promouvoir, faciliter et soutenir l'autonomie et l'imputabilité professionnelle des infirmières, actifs dans la communauté et aux activités professionnelles;

- Ressources matérielles et humaines adéquates et appropriées;

- Valorisation de la poursuite des études, de la formation en cours d'emploi et de la croissance professionnelle des infirmières, horaires de travail flexibles.

Pratique professionnelle

- Modèle de distribution de soins basé sur une pratique professionnelle autonome;

- Valorisation de l'enseignement au client, à la famille, à la communauté par l'infirmière;

- Infirmières autonomes, responsables, qui détiennent le contrôle de leur pratique;

- Disponibilités d'infirmières spécialisées;

- Relation de collaboration entre médecins et infirmières.

Développement professionnel

- Programme d'intégration sur mesure;

- Formation en cours d'emploi;

- Soutien à la poursuite des études;

- Avancement et promotion – échelons cliniques;

- Cheminement de carrière et encouragement de la recherche.

2.1. L'administration

2.1.1. Le leadership et le style de gestion participatif

Il est important de souligner que depuis les premières recherches industrielles d'Argyris (1957, 1964), Herzberg *et al.*, (1957), Likert (1961, 1967) et McGregor (1960), les auteurs et chercheurs ont établi un rapport entre le leadership organisationnel, la productivité et la satisfaction au travail des employés. Pendant les phases initiales et de suivi des études sur les hôpitaux aimants, les infirmières-chefs ont considéré leurs styles de leadership comme étant plus transformationnels qu'autocratiques, conventionnels ou directifs. Elles ont été reconnues par les infirmières comme étant charismatiques, visionnaires et engagées. Les infirmières-chefs ont encouragé l'autonomie et la pensée critique en plus d'évaluer et de reconnaître la contribution de chaque infirmière dans l'organisation. Les infirmières ont cru que les gestionnaires pouvaient convertir une organisation neutre en une organisation dynamique et énergique. Presque toutes les infirmières dans les hôpitaux aimants ont félicité les infirmières occupant des postes administratifs pour leur disponibilité en précisant qu'elles offraient une écoute et un soutien, en plus de défendre leurs intérêts *(advocacy)* (Upenieks, 2003).

Les recherches actuelles ont démontré que le leadership d'une organisation magnétisante influe sur de nombreux résultats organisationnels.

Figure 3 :   Le modèle relationnel entre le leadership, l'engagement organisationnel et la satisfaction au travail (McNeese-Smith, 1996; Kouzes et Posner, 1990; Glisson et Durick 1988; Klimoski et Hayes, 1980)

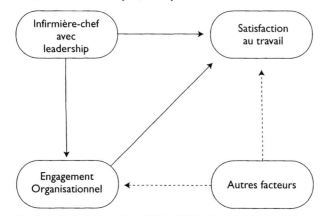

Source : Tiré de Hasselhorn, Tackenberg et Müller (2003, p. 28). Working conditions and intent to leave the profession among nursing staff in Europe, SALTSA, University of Wuppertal.

Selon une étude européenne (Hasselhorn *et al.*, 2003) menée auprès de 40 000 infirmières, le leadership, la satisfaction au travail et l'engagement organisationnel seraient étroitement liés.

D'après une autre étude réalisée auprès d'infirmières de Singapour (Chiok Foong Loke, 2001), la productivité, la satisfaction au travail et l'engagement organisationnel sont corrélés positivement avec l'adoption de comportements de leadership des infirmières-chefs. Dans l'analyse de régression, les comportements de leadership ont expliqué 8,8 % de la variable dépendante de productivité, 29,2 % de la satisfaction au travail et 21,8 % de l'engagement organisationnel. Ainsi, Chiok Foong Loke (2001) avance que les comportements de leadership constituent une clé pour habiliter *(empower)* les infirmières et favoriser leur engagement organisationnel. Ces comportements ont été cruciaux lors des crises sociosanitaires en Asie.

Stordeur *et al.,* (2001) affirment qu'en organisation du travail, le gestionnaire responsable est souvent la personne la plus importante de l'équipe de travail puisqu'il constitue un pivot de la culture organisationnelle et influence directement les comportements de ses subordonnés. Les responsables qui parviennent à faire participer davantage les employés dans le processus de prise de décision et qui encouragent la communication bidirectionnelle créent un climat favorable dans l'équipe de soins infirmiers, caractérisé par une diminution des conflits interpersonnels et des attitudes d'hostilité. Ce style de leadership est parfois qualifié de leadership transformationnel (Hasselhorn *et al.,* 2003). Examinons à présent différents types de leadership susceptibles d'être observés en soins infirmiers.

Sofarelli et Brown (1998) ont analysé les types de leadership qui se retrouvaient dans une organisation; ils en ont dénombré deux : le leadership transactionnel et le leadership transformationnel. Le style de leadership transactionnel est fondé sur la perspective d'obtenir des résultats à partir d'un système d'échange de valeurs, tandis que le style de leadership transformationnel repose sur une relation où les personnes travaillent ensemble afin de concrétiser une vision partagée et d'appliquer des valeurs communes à l'organisation et aux individus. Adopter un style de leadership est motivant et énergisant tant pour les leaders que pour les individus qu'ils influencent. Dans le leadership transactionnel, on tend à mettre l'accent sur la position, les récompenses et les sanctions, alors qu'en adoptant un style de leadership transformationnel, on mise plutôt sur le pouvoir relationnel.

Ces mêmes auteurs affirment que le leadership transformationnel convient mieux au climat actuel de la réorganisation, car il intègre et encourage activement l'innovation et le changement. Un gestionnaire de soins de type transformationnel possède les compétences requises pour délimiter les frontières de la profession et innover dans la résolution de problèmes.

Pour sa part, Trofino (1995) soutient que les chefs transformationnels favoriseront une approche holistique, responsabiliseront le personnel infirmier à tous les niveaux et maximiseront l'emploi de la technologie tant pour les patients que pour le personnel.

Bennis (1986, 1990) et Bennis et Nanus (1985) sont d'avis que le gestionnaire de type transformationnel détient un leadership d'*empowerment*. Ces auteurs relèvent quatre compétences de leadership qui aident à définir la tâche de l'infirmière-chef : 1) la recherche d'une vision en lien avec la réalité qui se vit; 2) la capacité de communiquer et de partager cette vision; 3) la confiance suscitée par son style de gestion; 4) la capacité d'apprendre de ses expériences tant positives que négatives. Bass et Avolio (1994, p. 52) expliquent que :

> Pour accroître sa capacité de changement, l'organisation doit être en mesure d'inciter les individus à modifier leurs rôles et leur mission, leurs attitudes et la manière dont ils interprètent les problèmes auxquels ils sont confrontés, ainsi qu'à accroître les efforts qu'ils désirent y consacrer. Un tel changement requiert ce que certains appellent du leadership transformationnel. Ce type de leadership se caractérise habituellement par son charisme, son inspiration, sa prise en compte de l'individu et la stimulation intellectuelle (traduction libre).

Dixon (1998) soutient que les styles de leadership transactionnel et transformationnel peuvent coexister dans une même organisation. En outre, selon lui, les directeurs devraient mettre en application ces deux modèles de leadership afin d'améliorer la communication avec le personnel et la haute direction. Souvent, les membres de l'équipe peuvent oublier ou ne pas se rendre compte que les directeurs doivent communiquer à tous les niveaux de l'organisation vers le haut, horizontalement et vers le bas. Si les organismes encouragent la communication ouverte, il est impératif qu'elle soit au niveau auquel l'interaction a lieu. De plus, en tant que chef, la communication du haut vers le bas et vice versa est très importante, car les perceptions des équipes seront influencées par le succès de cette communication. Enfin, il importe d'ajouter que la communication permet d'accroître la confiance envers l'administration.

Mishra et Morrisey (1990) ont constaté que la confiance a été associée à la prise de décision efficace lorsqu'il y a partage des idées, de l'information et des sentiments. Pour leur part, Kramer et Schmalenberg (2003) relèvent que la confiance dans la gestion est le meilleur prédicateur des compétences des infirmières concernant l'autonomie et l'*empowerment*. McDaniel et Stumpf (1993) ont observé que des infirmières ayant été habilitées au sein d'établissements de santé où l'information est partagée présentent un haut niveau de confiance. Laschinger, Finegan, et Shamian (1999) ont démontré que l'*empowerment* des infirmières était fortement lié à la confiance de la gestion et, à plus long terme, à l'engagement dans l'organisation. Le rapport entre les caractéristiques d'un environnement de travail et la confiance est conforme aux résultats d'une étude réalisée par Mishra et Morrisey (1990). Ces chercheurs ont établi un lien entre la confiance et la participation des employés au processus de prise de décision et le partage de l'information. Si l'on ne prend pas la peine de consulter les employés, ceux-ci peuvent suspecter que l'information leur est cachée ce qui mine leur confiance dans la gestion. En somme, la méfiance s'installe lorsque l'information est retenue, lorsque les ressources sont assignées de façon inconséquente et que les employés sont peu consultés par les gestionnaires (Laschinger, Shamian *et al.*, 2001).

Les deux styles de leadership décrits ci-dessus requièrent l'adoption d'approches différentes et donnent également des résultats différents dans la pratique clinique. Ainsi, l'approche transactionnelle changera la pratique à court terme (Burns, 1978) et le leadership transformationnel affectera la pratique à long terme. Avec ce dernier style de leadership, on s'assure que le procédé de travail est changé puisque l'on veille à ce que le personnel soignant ait une vision commune et à ce qu'il s'implique dans le processus décisionnel; la rétroaction permet de vérifier que les pratiques ont bel et bien été modifiées.

Maintes études démontrent que les caractéristiques organisationnelles les plus importantes sont basées sur la qualité du leadership des infirmières. Le concept de leadership est porté à l'avant-plan par les discussions et les activités de l'Ordre des infirmiers et des infirmières de l'Ontario depuis plusieurs mois. Depuis la crise du SRAS (syndrome respiratoire aigu sévère), la population exige que le réseau de la santé fasse davantage preuve de leadership et de prévoyance. Dans un communiqué de l'Ordre, on peut lire ces phrases mobilisatrices : « Nous, infirmières, sommes toutes indiquées pour prendre les devants. Mais à quoi ressemble une infirmière qui fait preuve de leadership ? Comment se comporte-t-elle ? La réponse à ces questions se trouve dans les Normes professionnelles. Les connaissances, les compétences et les qualités morales d'infirmière font que nous sommes toutes capables de faire preuve de leadership » (Ordre des infirmières et infirmiers de l'Ontario, 2003, p. 7).

L'Ordre des infirmières et infirmiers de l'Ontario, (2003 : 7) explique en ces termes les manières d'appliquer le leadership dans le domaine des soins infirmiers :

Quand nous appliquons nos compétences et nos connaissances, quand nous assumons la responsabilité de nos décisions et de nos gestes et quand nous axons notre vie professionnelle sur le client, nous faisons preuve de leadership. Quand nous agissons dans des situations qui mettent en péril la qualité des soins, nous faisons preuve de leadership. Et, quand nous invoquons les normes d'exercice pour faciliter la prise de décisions, pour soutenir une collègue ou pour poursuivre notre apprentissage, nous faisons aussi preuve de leadership.

De nombreuses occasions de faire preuve de leadership s'offrent donc à l'infirmière dans le contexte actuel des soins de santé. En tant que professionnelles autoréglementées, les infirmières sont invitées à faire preuve d'initiative et de leadership dans les soins donnés aux patients, y compris dans leurs interactions avec les familles. Ces dernières s'attendent souvent à ce que l'infirmière prenne le contrôle de la situation afin de les protéger dans des situations risquées ou dangereuses. Reconnaître les possibilités de leadership et avoir la confiance nécessaire pour mettre en pratique ses compétences : voilà ce qui distingue les chefs de file en soins infirmiers.

L'Ordre des infirmières et infirmiers de l'Ontario (2003) estime que la profession infirmière, en raison de la collaboration et de la sollicitude qui la caractérisent, de la formation de base que reçoivent ses membres et de leurs valeurs morales élevées, regroupe des personnes ayant a priori des qualités de chef. L'Ordre des infirmiers et des infirmières de l'Ontario (2003) s'attend à ce que les infirmières ontariennes possèdent des qualités telles que le savoir, la fiabilité et l'aptitude à agir moralement. Les personnes qui possèdent des qualités de chef adoptent un comportement qui suscite le respect et la confiance.

Ainsi, l'Ordre des infirmiers et des infirmières de l'Ontario (2003) pose la question suivante : comment devient-on un leader ? Pour assumer le rôle de leader, il faut, précise-t-on, que la personne ait une bonne connaissance d'elle-même, comprenne ses propres croyances et valeurs et qu'elle examine attentivement l'environnement et les comportements des membres de son équipe. On reconnaît ces personnes à leurs compétences en communication et à leur compréhension de l'évolution de la profession et du domaine de la santé en général. Elles deviennent souvent des expertes cliniques dans leur domaine de spécialité.

Ainsi, les compétences qu'une infirmière leader doit tenter de s'approprier sont les suivantes :

- Être apte à soutenir.
- Maintenir un niveau élevé de standards professionnels.
- Travailler sur la visibilité des infirmières et être à l'écoute de leurs besoins.
- Développer des canaux de communication bidirectionnels.
- Valoriser la formation et le développement professionnel.
- Préserver une position de pouvoir.
- Demeurer engagée dans l'organisation.

L'*American Nurses Association* (ANA) affirme, en se basant sur des résultats probants, que les infirmières de grande qualité constituent l'un des atouts les plus importants pour attirer des médecins de grande qualité. De plus, le fait d'être reconnues par un programme d'accréditation spécialisé *(Magnet Accreditation Program)* produit des « ondes positives » qui s'étendent à toute l'équipe de soins de santé (Comité consultatif canadien sur les soins infirmiers, 2002).

2.2. La pratique professionnelle

2.2.1. L'empowerment, *l'autonomie et la prise de décision*

Afin que les infirmières puissent développer et exercer leur leadership, les auteurs s'accordent pour dire que leur pratique professionnelle doit reposer sur l'*empowerment*, l'autonomie et la possibilité de prendre part aux décisions tant cliniques qu'administratives. Comment développer cette pratique professionnelle ?

De nombreux écrits sur le pouvoir et l'engagement au travail se basent sur la théorie de Kanter. Effectivement, Rosabeth Kanter, professeure et chercheure à l'Université de Harvard (1977/1993) expose sa théorie comme suit : la structure d'*empowerment* repose sur quatre sources, soit l'information, le soutien, les ressources et les opportunités. Pour que les employés puissent atteindre les objectifs organisationnels de manière efficace, ils doivent avoir accès à ces quatre sources de pouvoir. Par exemple, une infirmière-chef qui a accès à l'information, au soutien et aux ressources et qui a la possibilité de proposer et de relever de nouveaux défis augmente l'efficacité organisationnelle. En définitive, ces infirmières accomplissent mieux leur travail et sont plus satisfaites dans leurs rôles que les employés qui n'ont pas accès à ces structures (Upenieks, 2003; Almost et Laschinger, 2002). Les comportements et les attitudes au travail sont influencés par le pouvoir inhérent au poste qu'elles occupent. La responsabilisation des employés émane des systèmes de pouvoir officiel et officieux de l'organisation. Le pouvoir officiel des personnes est généralement lié au poste qu'elles occupent dans la hiérarchie de l'organisation, tandis que le pouvoir officieux découle des relations établies à l'intérieur d'un service, entre des services et avec des personnes de l'extérieur de l'organisation. Les personnes qui possèdent à la fois un pouvoir officiel et officieux peuvent avoir accès à des structures qui leur permettent d'accomplir efficacement leur travail (structure d'*empowerment*; Laschinger et Sabiston, 2000).

Pour sa part, Davis (2001), cité dans Robertson *et al.*, (2003) décrit l'*empowerment* comme la capacité de donner du pouvoir, de la force, du contrôle et de l'autorité aux autres. Cela passe par la création et le maintien d'un environnement qui facilite le choix personnel. En usant de leur libre arbitre et en s'impliquant, l'employé et le gestionnaire peuvent contribuer à l'accomplissement de la mission et à l'atteinte des objectifs de l'organisation. En outre, Robertson *et al.*, (2003) affirment que la participation dans la prise de décision survient lorsque les infirmières en poste d'administration jouent un rôle actif dans l'*empowerment* de leurs employés.

Laschinger et Sabiston (2000) soutiennent que les gestionnaires qui favorisent le sens du travail, qui encouragent la participation dans la prise de décision, qui expriment leur confiance aux employés performants et qui font la promotion de l'autonomie augmentent le sentiment d'*empowerment* de leur personnel. Selon ces mêmes auteurs, il existe des relations positives entre l'*empowerment* des infirmières et leur engagement, l'autonomie, le contrôle de la pratique, la participation aux prises de décisions, la satisfaction au travail, l'efficacité, la productivité et la performance au travail.

Par ailleurs, la capacité des infirmières de se conformer aux normes et aux valeurs de la profession est une cause déterminante de leur satisfaction et de leur engagement dans l'organisation. Ainsi, des initiatives telles que des approches de gestion paritaire et des modèles partagés du pouvoir ont été développées pour renforcer leur sentiment d'appartenance. De telles innovations sont conçues pour créer des lieux de travail qui habilitent les infirmières, facilitent la pratique professionnelle et exigent des infirmières d'être responsables de tous les aspects reliés au soin des patients. Les buts de ces approches de restructuration cadrent avec les idées du modèle de Kanter portant sur l'*empowerment* d'organisation (Laschinger et Sabiston, 2000).

Actuellement, de nombreuses directions de soins au Québec revoient, dans le cadre de l'optimisation de leurs ressources humaines, la pratique professionnelle des infirmières et des équipes soignantes. Or, cette révision passe par une réflexion en profondeur de la vision, des valeurs et des modes de distributions des soins qui en découlent. La section suivante présente dans un premier temps un bref aperçu de l'évolution des modes de distribution des soins. Une description des soins intégraux complète cette section, car c'est le mode de prestation de soins qui a reçu le plus d'attention des chercheurs et, par le fait même, une plus grande diffusion de résultats probants.

2.2.2. Les modes de distribution des soins et les ratios [1]

Les modes de distribution de soins ont connu une évolution au cours des ans. Le mode de distribution de soins implanté dans les années 1920 se nommait le mode de soin fonctionnel. Ce mode s'inspirait de la répartition des tâches propre au taylorisme. L'infirmière-chef déléguait les tâches au personnel infirmier selon leur spécialisation. Ainsi, une personne pouvait être responsable de la distribution des médicaments, une autre prenait les signes vitaux, une autre pansait les plaies, une autre procédait aux soins d'hygiène et faisait les lits, etc. Ce système avait l'avantage de limiter l'assignation des tâches plus complexes aux personnes détenant le plus d'expérience. Au cours des années 1950, le système d'équipe est apparu; l'accent était mis sur la tâche à accomplir et il y avait de plus en plus de formation d'équipes (par exemple infirmière auxiliaire et infirmière autorisée).

Nous assistons encore à une division du travail par hiérarchisation des compétences des membres de l'équipe. Le soin global est également apparu au cours des années 1950. Dans ce mode, l'infirmière coordonne et est responsable de l'ensemble des soins sur son quart de travail et, conséquemment, le soin direct, le *care*, prend une grande importance. Au cours des années 1970, c'est le mode de soins intégraux bien connu sous l'appellation *primary nursing* qui prend place. Il vise à donner la responsabilité à l'infirmière de s'occuper d'un patient jour et nuit et sept jours par semaine durant toute la durée de l'épisode de soins. L'essentiel, selon Manthey (1970) était d'organiser la pratique professionnelle en dépit de la nature bureaucratique de l'hôpital. À l'aide de ce mode : « c'est le retour de l'infirmière au chevet du patient ». Au cours de ces mêmes années, le modèle de gestion de

---

1 Cette section sur l'historique des modes de distribution des soins s'inspire de la revue des écrits réalisée en 2004 par madame Louise Beauvais, infirmière clinicienne de l'Hôpital Douglas (Beauvais, 2004).

cas (*case management*) ou le suivi systématique de clientèles fait son apparition. C'est une gamme d'approches qui visent des clientèles particulières et leur continuité de soins intra- et inter-unité et service. L'utilisation efficace et efficiente des soins et des services est une préoccupation centrale de ce modèle. Le suivi systématique et la gestion de cas permettent d'établir en équipe interdisciplinaire, et en se basant sur des données probantes, les activités de soins et les résultats escomptés lors de l'épisode de soins et pour le suivi posthospitalisation. Les soins intégraux étaient habituellement choisis comme mode de distribution de soins dans le cadre d'un suivi systématique de clientèle. Le soin modulaire, né vers 1985, consistait à regrouper un chef de module et des membres de l'équipe pour un groupe de patients. C'est un modèle hybride qui permet d'optimiser à la fois les soins intégraux et le système d'équipe. En soins de longue durée, les modules de soignants permettent à l'infirmière, responsable et pivot du module, assistée d'infirmières auxiliaires et de préposés aux bénéficiaires, d'offrir des soins à un groupe de patients.

Au cours des années 1990, et ils sont toujours en vigueur, plusieurs modes de distribution de soins font leur apparition : le modèle de pratique professionnelle des *magnet hospitals*, le *partnership model*, le modèle *Synergy*, la pratique avancée, les soins globalisés, le modèle de pratique infirmière clinique, etc. En fait, plusieurs directions de soins infirmiers optent pour un mode qui leur sera personnalisé, en lien avec leur mission et leur culture organisationnelle et en tenant compte des compétences, du nombre et du type de personnel infirmier, professionnel et non professionnel disponible. Ces différents modes visent en général à responsabiliser et à favoriser l'engagement et la satisfaction de l'ensemble des soignants tout en tentant de diminuer les coûts et en s'assurant un niveau optimal de la qualité des soins.

Ce bref survol des différents modes de distribution de soins permet de comprendre que le travail infirmier a suivi l'évolution tant du travail que des savoirs propres à la discipline infirmière. Certains de ces modes de distribution de soins et plus particulièrement les soins intégraux, ont fait l'objet de recherches afin d'en connaître les impacts.

Le mode de soins intégraux[2]

En vue d'améliorer la satisfaction au travail des infirmières et de limiter les problèmes de logistiques liés aux infirmières bachelières devant accomplir des tâches administratives en s'éloignant de leurs rôles directs avec le patient, le mode de soins intégraux a été implanté dans plusieurs institutions hospitalières. La responsabilité des 24 heures signifie que l'infirmière est responsable de l'identification des problèmes, de la planification des soins, de l'évaluation des résultats et du suivi des soins pour le patient durant son séjour à l'unité de soins. L'infirmière primaire sera remplacée uniquement durant ses congés ou ses absences. Elle assure donc une continuité avec le patient. Par conséquent, c'est l'infirmière primaire qui détient l'entière responsabilité de la qualité des soins pour les patients qui lui sont attribués.

En outre, elle assure une communication directe avec le patient et sa famille et dispose d'une latitude décisionnelle concernant les actions à prendre pour les soins qu'elle administre.

De manière plus concrète, l'Association des infirmières et infirmiers autorisés de l'Ontario définit les soins intégraux ainsi :

Un modèle organisationnel de soins qui met l'accent sur la continuité des soins et la continuité des soignants. Dans ce modèle, la même infirmière fournit la totalité des soins au client depuis l'admission jusqu'à la fin de l'épisode de soins. Ce qui inclut : les soins directs, la coordination des soins, la défense des droits de la clientèle et l'éducation. La continuité de la relation interpersonnelle avec le client est fondamentale pour des résultats positifs et des soins centrés sur le client (Beauvais, 2004, p. 10).

Manthey (1998) est d'avis que les soins intégraux fournissent une opportunité de développement et de satisfaction professionnelle et maximise la formation, l'art et les habiletés des infirmières. Cette auteure soutient également que la pratique des soins intégraux donne une image positive des soins infirmiers et rend l'infirmière plus crédible dans ses communications et dans

---

2 Cette section sur le mode de soins intégraux reproduit en partie l'article de Louise Beauvais (2004) publié dans INFOQIIP.

les discussions de cas avec les médecins et les autres professionnels (Manthey, 1998, cité dans Beauvais, 2004).

Thomas (1992) a mené une étude en Grande-Bretagne dans
une unité de soins gériatriques afin de déterminer les effets de
trois modèles de soins – fonctionnel, d'équipe et intégraux –
sur la satisfaction professionnelle des infirmières diplômées
(N = 12) et des infirmières auxiliaires (N = 12). Le questionnaire validé Work Environment Scale a été employé afin de
recueillir les données mesurant les 10 dimensions suivantes
de la satisfaction : 1) l'implication, 2) la cohésion, 3) le soutien
des supérieurs, 4) l'autonomie, 5) la pression reliée à la tâche,
6) la tension au travail, 7) la clarté des règles et des procédures, 8) la supervision, 9) l'innovation et 10) le confort
physique. Les résultats montrent que les infirmières et les
infirmières auxiliaires perçoivent plus d'autonomie et de soutien au travail dans le modèle de soins intégraux que dans le
modèle fonctionnel et le modèle d'équipe. Les infirmières
auxiliaires affirment qu'elles travaillent étroitement avec l'infirmière primaire et l'infirmière associée; cette collaboration
leur permet de prendre plus d'initiatives et de partager leurs
connaissances collectivement. De plus, les résultats de cette
étude ont démontré que la tension au travail diminuait chez
les infirmières et infirmières auxiliaires lorsque le modèle de
soins intégraux était utilisé comparativement au modèle de
soins d'équipe où la tension au travail était plus élevée. Par
ailleurs, les infirmières primaires (soins intégraux) témoi-
gnent d'une plus grande implication que les infirmières du
modèle fonctionnel. En outre, les infirmières auxiliaires
perçoivent une plus grande implication au travail que les
infirmières auxiliaires du système d'équipe (Thomas, 1992,
cité dans Beauvais, 2004 : 21).

Alcock *et al.*, (1993) ont mené une recherche évaluative dans
un hôpital pour enfants afin de déterminer l'effet des soins
intégraux sur la satisfaction au travail auprès de 31 infirmières, 12 médecins et 7 professionnels. Cette étude visait à
mesurer la perception des infirmières concernant leur environnement de travail, la communication et la collaboration inter-
professionnelle. Les données ont été recueillies avec le même
instrument que l'étude précédente, à savoir le *Work Environment Scale* mesurant le climat et l'environnement de travail
selon les 10 dimensions relevées précédemment. Un second
questionnaire validé a été utilisé afin de mesurer la communi-

cation et la collaboration entre les infirmières et les médecins. Les résultats de l'étude révèlent qu'il y a une diminution de la satisfaction au travail des infirmières œuvrant en soins intégraux pour les dimensions de l'implication, de l'autonomie et du confort physique. En revanche, 92 % des médecins affirment que la communication est très bonne avec les infirmières et ils sont unanimes à dire que la collaboration est excellente entre eux et les infirmières pour les plans de soins et qu'elles sont plus responsables à l'égard des discussions de cas et de l'information à donner aux familles (Alcock *et al.*, 1993, cité dans Beauvais, 2004 : 21).

Mäkinen et al., (2003) ont mené une recherche en Finlande afin d'examiner les quatre modèles organisationnels de soins en lien avec la satisfaction au travail; ils ont interrogé 568 infirmières exerçant leur profession dans 26 hôpitaux. Les résultats de l'étude indiquent que la satisfaction au travail s'accroît lorsque le modèle organisationnel se rapproche des soins intégraux. La satisfaction liée à la supervision et au développement personnel augmente avec la latitude dans la prise de décision et la responsabilité dans les soins aux patients. La possibilité de prendre des décisions en lien avec les soins aux patients et l'autonomie de l'infirmière diminuent avec les modèles modulaire, d'équipe et fonctionnel (Beauvais, 2004 : 23).

Une étude expérimentale a comparé les coûts des soins intégraux avec ceux des soins d'équipe (Gardner, 1991) : les coûts incluaient les salaires pour les soins directs; par contre, les coûts indirects administratifs n'ont pas été calculés. Les résultats de cette étude révèlent que les coûts des soins intégraux sont moins élevés qu'avec le modèle d'équipe. En effet, les coûts des soins intégraux coûtent 6,48 $ de moins par jour par patient. Ces résultats sont significatifs. Trois facteurs contribuent à la réduction des coûts : 1) le rapport infirmière-patient est plus élevé avec les soins intégraux, 2) il y a moins d'infirmières provenant des agences avec les soins intégraux et 3) ce type de soins nécessite moins de personnel administratif (Beauvais, 2004 : 25).

En lien avec les différents modes de distribution de soins, la question qui se pose ici est de savoir quelle est la « meilleure » composition de l'équipe soignante. Plusieurs gestionnaires du réseau de la santé s'interrogent sur certaines pratiques de soins : y a-t-il un nombre idéal, optimal et sécuritaire de patients par infirmière, un pourcentage d'infirmières autorisées et d'infirmières auxiliaires, de professionnels et de non-professionnels travaillant seuls, en dyades, en triades, en équipe de quatre et combien de préposés, d'aides techniques ou de nouveaux titres d'emploi faut-il créer et pour quels secteurs? Voyons ce que nous propose la littérature sur ces sujets.

Le rapport patients et le type de personnel de la santé

Dès le début des années 1990, les infirmières ont développé des inquiétudes concernant les rapports patients et personnel soignant. Ainsi, le congrès américain a mandaté une étude portant sur l'importance de déterminer des ratios et, en 1999, la Californie est devenue le premier État à exiger des ratios minimaux d'infirmière-patients dans les hôpitaux. Les infirmières se sont opposées en bloc aux réductions du nombre d'infirmières et à la composition mixte de compétences dans le cadre des initiatives de restructuration. Le concept d'équipe avec des infirmières formées et l'utilisation accrue de personnel auxiliaire non autorisé n'a pas été accepté par les infirmières enregistrées, cette pratique étant considérée comme un renversement par rapport au progrès qui avait été fait concernant la création d'une main-d'œuvre professionnelle d'infirmières.

L'étude de Aiken et al., (2002a), menée auprès de 232 342 patients ayant été opérés confirme le rôle prépondérant de l'infirmière dans la détection des risques de complications. La surcharge de travail augmente le danger que les complications ne soient pas relevées à temps puisque l'infirmière exerce une moins grande surveillance, déplorent ces chercheurs. Depuis 1990, expliquent-ils: «Le gouvernement fédéral américain a réduit le financement des hôpitaux. Les administrations hospitalières ont alors cherché à réduire les dépenses. Comme le salaire des infirmières représente la moitié du budget consacré aux ressources humaines, le ratio patients-infirmière a été augmenté» (Aiken et al., 2002a, p. 8, traduction libre). Tout cela, dans un contexte de pénurie de personnel infirmier. Résultat: la sécurité des malades n'est plus seule en jeu. La surcharge de travail conduit également à l'épuisement des infirmières. Ainsi, sur les quelque 10 000 personnes interrogées, 43% affichaient un niveau élevé d'épuisement alors que 40 % déclaraient être insatisfaites de leur travail.

Aiken *et al.*, (2002b) ont réalisé une étude internationale auprès de 10 319 infirmières dans 303 hôpitaux aux États-Unis (Pennsylvanie), au Canada (Ontario et Colombie-Britannique), en Angleterre et en Écosse. Les résultats révèlent de l'épuisement professionnel, de l'insatisfaction et des inquiétudes liées à la qualité des soins chez les infirmières des cinq juridictions. Il ressort que les infirmières ayant un faible ratio d'infirmières par groupe de patients et peu de soutien sont trois fois plus nombreuses à rapporter une faible qualité des soins comparativement aux infirmières qui ont un niveau élevé d'infirmières par groupe de patients et de soutien. Un ratio adéquat et un soutien de l'organisation et des gestionnaires sont des éléments clés pour améliorer la qualité des soins aux patients, diminuer l'insatisfaction au travail, l'épuisement professionnel et, en définitive, améliorer la rétention des infirmières dans les hôpitaux.

McGillis Hall *et al.*, (2001) ont réalisé une étude auprès de 19 hôpitaux de l'Ontario (2 046 patients, 1 116 infirmières, 63 chefs d'unité et 50 gestionnaires seniors) afin de connaître la nature des compositions d'équipes de soins et d'évaluer les impacts de quatre modèles de composition d'équipe de soins : 1) un effectif exclusif d'infirmières autorisées; 2) une composition mixte : infirmières autorisées et infirmières auxiliaires; 3) une composition mixte : infirmières autorisées, infirmières auxiliaires et préposés aux bénéficiaires; 4) une composition mixte : infirmières autorisées et préposés aux bénéficiaires. Les effets sur les patients furent mesurés par les indicateurs suivants : leur statut fonctionnel de santé, leur perception de soulagement de la douleur, leur satisfaction, les erreurs de médication et le taux d'infection. Les effets mesurés quant à l'environnement de travail des infirmières furent ceux-ci : les heures-soins, leur satisfaction au travail, leur niveau de stress, leur niveau de tension, leur perception de la qualité des soins, leur leadership et la coordination des soins.

Les résultats dévoilent que le modèle optimal de soins fut la composition mixte : infirmières autorisées et infirmières auxiliaires. Ce dernier a été associé à une plus grande satisfaction des patients et à de meilleurs résultats sur le plan de la santé, y compris des taux moins élevés d'erreur dans l'administration des médicaments et d'infection des plaies. Plus de 60 % des unités de soins étudiées avaient une composition mixte infirmières autorisées et infirmières auxiliaires. Pour les unités ayant un personnel moins stable, les heures/soins infirmiers augmentaient. L'âge des patients et la complexité de la problématique de santé étaient corrélés positivement avec une utilisation plus grande d'heures/ soins infirmiers.

2.3. Le développement professionnel

2.3.1. La formation et le développement des compétences

La présidente de l'Ordre des infirmières et infirmiers du Québec (OIIQ), Mme Gyslaine Desrosiers (2003), affirme que l'accès au niveau universitaire est la clé de voûte pour contrer la pénurie des infirmières au Québec. Actuellement et dans un futur rapproché, les inscriptions universitaires ne seront pas suffisantes pour combler les départs à la retraite; il s'agit d'un déficit annuel de 200 infirmières bachelières. Par ailleurs, il est également urgent de prévoir la relève du corps professoral. Sur 1 200 infirmières enseignantes, 500 sont âgées de 50 ans et plus. De ce nombre, 182 infirmières sont âgées de 55 ans et plus et pourront prendre leur retraite à très court terme (Desrosiers, 2003).

Selon des statistiques récentes, 20 % des infirmières désirent poursuivre leurs études au niveau universitaire. Chez les infirmières de moins de 30 ans, cette proportion passe à 32 %. En outre, un sondage réalisé auprès de jeunes étudiants révèle que 70 % des étudiants inscrits au programme Dec-bac intégré souhaitent compléter le baccalauréat. Devant ce résultat, le Comité jeunesse de l'OIIQ a manifesté son inquiétude au regard du nombre limité de places dans les universités pour accueillir la première cohorte d'étudiants inscrits au Dec-bac intégré en soins infirmiers en septembre 2004 (Comité jeunesse, 2004).

Pour l'implantation du programme en sciences infirmières Dec-bac intégré, le ministère de l'Éducation du Québec a accordé un montant de 1,8 million de dollars de 2000 à 2002 (OIIQ) et il investira près de 1,5 million de dollars d'ici 2006 pour créer

50 bourses qu'il décernera chaque année pour des études universitaires, de maîtrise et de doctorat. Toutefois, Mme Desrosiers soutient que ce n'est pas suffisant pour combler les départs à la retraite. Elle affirme que le gouvernement devra investir dès maintenant. Par ailleurs, plusieurs provinces canadiennes misent sur les programmes de bourses pour encourager les étudiants à poursuivre des études universitaires.

À ce jour, il y a peu de recherches qui ont vérifié si la formation continue améliore directement les soins aux patients. En revanche, des études confirment que plus les infirmières sont compétentes, plus l'efficacité des soins augmente. En effet, Aiken *et al.*, (2003) démontrent que la scolarisation des infirmières a un impact considérable sur la mortalité des patients. D'après une étude menée en Pennsylvanie sur un échantillon de 168 hôpitaux, ces auteurs affirment qu'une augmentation de 10 % du nombre d'infirmières détenant un baccalauréat par hôpital est liée à une diminution de 5 % du taux de mortalité dans les 30 jours suivants une chirurgie générale, orthopédique ou vasculaire. Les auteurs concluent que cette étude fournit la première évidence empirique que les hôpitaux ayant des infirmières bachelières ou possédant un diplôme d'études supérieures sont associés à une amélioration des soins administrés aux patients. En outre, les infirmières en chirurgie possédant un baccalauréat ou un diplôme d'études supérieures sont plus aptes à soigner un patient si des complications apparaissent.

Soulignons qu'au cours des réunions de groupes de discussion tenues dans tous les centres de santé du pays, les infirmières ont déclaré que le perfectionnement professionnel constituait leur priorité, après le désir qu'on les consulte sur les soins à donner aux patients et les changements à apporter à leur lieu de travail (Viewpoints Research, 2002). Le fait d'offrir aux infirmières un perfectionnement professionnel rémunéré semble être l'une des mesures évidentes et fondamentales à mettre en œuvre pour faire renaître la satisfaction des infirmières et, surtout, contribuer à améliorer la santé de leurs patients (Comité consultatif canadien sur les soins infirmiers, 2002).

Avant de terminer cette partie, nous ne pouvons passer sous silence une problématique qui risque de nuire au développement professionnel si nous n'y voyons pas bientôt. Les recherches montrent que 14 % des nouvelles diplômées du Québec quittent la profession au cours des cinq premières années d'activités; or, nous n'avons pas les moyens de les perdre (OIIQ, 2003). Les nouvelles infirmières déplorent le fait que lors de leur intégration au travail sur les unités, elles ne se sentent pas suffisamment accueillies et soutenues cliniquement par les infirmières expérimentées. Ces dernières expliquent qu'intégrer la relève devient une surcharge additionnelle de travail surtout lorsqu'elles constatent le grand roulement de ce nouveau personnel; c'est un processus de formation de la relève à refaire chaque fois. La mise en place de préceptorat en début de travail et de mentorat tout au long de la carrière, comme le recommandent les *magnet hospitals*, ne semblent pas une pratique habituelle dans les établissements de santé du Québec. Or, la transmission des savoirs liés à l'expertise devrait être une préoccupation de premier plan surtout lorsqu'on voit l'âge moyen du personnel de certains secteurs d'expertise de soins. Il sera intéressant de réfléchir à cette problématique de conciliation intergénérationnelle basée sur le développement de compétences pour l'ensemble des infirmières (Lavoie-Tremblay et Viens, 2004).

Dans la prochaine partie, nous nous attardons au deuxième thème central du modèle intégrateur en organisation des soins et du travail, soit l'optimisation des processus.

PARTIE 3

L'optimisation des processus

Cette partie sur l'optimisation des processus débute par la présentation de la méthode de temps et de mouvements, qui permet de mieux connaître les activités de soins et autres tâches connexes des différents membres des équipes de soins. Certains établissements de santé l'ont choisie avant de procéder à leur révision des processus. Par la suite, certaines techniques utilisées pour améliorer les processus de travail sont décrites; il s'agit de la réingénierie des processus, du Kaizen, du juste à temps et de la production allégée. Enfin, nous terminons par une description d'un environnement de travail ergonomique et sécuritaire.

3.1. Les études de temps et mouvements

L'utilisation des heures de travail des infirmières a soulevé de nombreuses discussions et critiques au cours des dernières années à l'échelle internationale. Les infirmières ont l'impression de passer peu de temps avec leurs patients parce qu'elles sont au poste à remplir des tâches administratives (par exemple, trouver un remplacement pour le personnel s'étant déclaré malade) ou distribuer des plateaux-repas et s'affairer à d'autres tâches connexes en raison des nombreuses réductions de poste (par exemple, changer la literie et procéder aux désinfections, car les nouvelles admissions doivent être faites immédiatement afin de limiter les temps d'attente à l'urgence). Aussi, afin de connaître la réelle utilisation du temps de travail des infirmières, différentes façons de recueillir l'information ont été relevées dans la littérature. Plusieurs formes de collecte sont adoptées, allant d'une collecte systématique à l'aide d'un instrument informatisé (logiciel qui inclut l'ensemble des tâches et un « *palm pilot* » utilisé par les observateurs) jusqu'à des rapports autorapportés. Des données sont rassemblées dans différents rapports personnels autorapportés (Brillhart et Sills, 1994; Ekman *et al.*, 1991) tandis que des observations par des pairs sont employées dans d'autres études (Reid *et al.*, 1993; Gardner, 1991). Dans certains cas, on recourt à des instruments d'échantillonnage du travail (Bostrom et Zimmerman, 1993; Minyard *et al.*, 1986) et, dans d'autres cas, des notes chronologiques sont rédigées afin d'attester des activités exécutées (Ekman *et al.*, 1991).

Ce recueil d'informations vise principalement à identifier, classer (les tâches directement en lien avec le soin aux patients, les tâches indirectes et les autres tâches) et comptabiliser ces différentes tâches selon le personnel soignant qui les accomplit. Les résultats de ces études permettent, dans un premier temps, à l'ensemble du personnel de prendre conscience du temps réel des activités de soins et, dans un deuxième temps, de repérer les aspects susceptibles d'être améliorés.

Pour sa part, Burke *et al.*, (2000) identifient deux inconvénients à cette méthode. Le premier est lié à son coût élevé; certains établissements ont tenté de réduire les coûts en diminuant le nombre de candidats à observer. Le second concerne le changement de comportements des candidats lorsqu'ils sont observés; cette limite s'atténue toutefois avec le temps puisque les personnes observées en arrivent à oublier la présence de l'observateur. Les chercheurs et les gestionnaires utilisent une deuxième méthode, soit le *« self-reporting »* ou rapport autorapporté pour connaître le temps que nécessite l'exécution d'une tâche. Ce procédé présente le double avantage d'être facile à utiliser et d'occasionner peu de coûts. Cependant, il a pour principal inconvénient d'exposer à la partialité. En effet, le personnel peut mentir au sujet de ses activités et adopter le comportement socialement souhaitable pendant la période de reportage qui reflète ses caractéristiques individuelles perçues plutôt que le vécu réel du rendement au travail. Les employés compensent souvent en enregistrant des activités à intervalles irréguliers, ce qui peut mener à des données imprécises. En raison de ses multiples difficultés méthodologiques, cette méthode autorapportée doit souvent être jumelée à la technique d'observation de temps et de mouvement pour maximiser les résultats.

Une autre difficulté que pose ce type d'études réside dans la catégorisation des différentes tâches et activités de soins. Dans toutes les études, les activités observées et/ou documentées ont été classées par catégorie et les systèmes de catégories différaient considérablement. Ainsi, Bostrom et Zimmerman (1993) avaient établi 19 catégories différentes, notamment la relation d'aide avec les patients, l'hygiène des patients, le travail administratif, etc., et Harper (1986) a énuméré six catégories, à savoir le soin direct, le soin indirect, le soin associé, le ménage, les activités à l'extérieur des unités et les activités personnelles.

Comme différents résultats se dégagent de ces études sur le temps et les mouvements, il est difficile de trouver des mesures étalons, sans connaître avec précision toutes les caractéristiques des différentes mesures. Aussi, invitons-nous le lecteur à faire preuve de beaucoup de prudence avant de procéder à des comparaisons et à s'assurer qu'il s'agit d'unités comparables, dans des milieux et modes de gestion comparables.

Commençons par une étude réalisée en 1990 dans un grand hôpital métropolitain de New York (Hendrickson, Doddato et Kovner, 1990). L'étude de temps et mouvements visait six unités spécialisées ayant comme mode de distribution de soins la pratique de soins primaires. Il y avait une moyenne de 4,8 patients par infirmière le jour et de 6,9 patients par infirmière le soir.

Les résultats révèlent que les infirmières consacrent 45 % de leur temps (approximativement 3 heures et 40 minutes) à des activités indirectes de soins aux patients. Cela inclut tout ce qui touche aux dossiers (11 %), la préparation des traitements (10 %), la participation au changement de quart de travail (9 %), l'interaction avec les autres professionnels (8 %), la prise en note des prescriptions des médecins (3 %) et autres activités liées aux prescriptions médicales (4 %). Les activités non cliniques comptent pour 10 % du quart de travail. Cela inclut le temps passé à remplir des documents administratifs (4 %), les communications téléphoniques (3 %) et la vérification de l'approvisionnement (3 %). Un taux de 13 % est utilisé pour des activités autres, soit les repas, les pauses et les conversations personnelles. Les plus importantes variations de pourcentage sont relevées dans le quart de nuit : la moyenne de temps passé avec chaque patient varie de 38 minutes en pédiatrie à 15 minutes en chirurgie avec une moyenne de

25 minutes. Le temps moyen passé par les infirmières avec chaque patient semble être corrélé avec le rapport infirmière-patients : l'infirmière passe plus de temps avec les patients dans des services ayant un rapport infirmière-patients favorable. Les infirmières de jour en obstétrique/gynécologie, pédiatrie et orthopédie responsables d'environ quatre patients passent de 35 à 39 minutes avec chacun d'eux. En revanche, en médecine et en chirurgie durant le quart de soir, les infirmières responsables de 9 à 10 patients passent 15 à 17 minutes avec chaque patient. Cette étude montre que les infirmières passent 31 % de leur temps en soins directs avec le patient. Une moyenne de 25 à 30 minutes par quart de travail est consacrée à chaque patient et une moyenne totale sur les 24 heures de deux heures et demie en « care » pour tous les patients.

Ekman *et al.*, (1991) ont constaté que, sur des unités gériatriques travaillant en équipe, les infirmières autorisées passent en moyenne 35 % de leurs heures travaillées auprès des patients et les infirmières auxiliaires 55 %. D'autres recherches indiquent que le temps utilisé par les infirmières pour les soins indirects des patients varie entre 14 % et 45 % et pour les soins directs, de 21 % à 60 % (Reid, Robinson et Todd, 1993 ; Degerhammar et Wade, 1991 ; Ekman *et al.*, 1991 ; Gardner, 1991 ; Hendrickson *et al.*, 1990 ; Harper, 1986). Thomas (1994) a étudié le temps utilisé pour des interactions verbales entre les patients et les infirmières dans neuf unités de soins aux aînés. Il a trouvé un degré sensiblement plus élevé sur les unités ayant un mode de distribution de soins de type soins primaires comparés aux unités ayant des soins fonctionnels ou d'équipe. Gardner (1991) a démontré que la qualité des soins était meilleure et les coûts moins élevés dans des soins primaires comparés aux soins d'équipe, même si le temps dans le soin direct était presque identique. Reid *et al.*, (1993) ont relevé que le temps alloué par les infirmières autorisées au soin direct est moindre sur certaines unités ayant un quart de 12 heures comparées à celles ayant un quart de 8 heures. Il est important lors de l'instauration du 12 heures, de prévoir la nature du travail, soit les soins directs ou indirects, qui sera modifiée.

L'étude de Lundgren *et al.*, (2001) sur les effets de la mise en place d'un nouveau mode de distribution de soins soit le *primary nursing*, montre que les infirmières ont passé une plus grande partie de leur temps en soins directs, soit de 37 % à 39 %. De plus, ce changement leur a permis, d'une part, de réorganiser leur travail en ciblant les besoins de soins des patients et, d'autre part, d'acquérir une meilleure reconnaissance professionnelle. Toutefois, l'étude révèle que les infirmières ont manqué de temps pour offrir de l'information et du soutien aux patients.

Cardona *et al.*, (1997) ont entrepris une étude en centre hospitalier de soins de longue durée (CHSLD) afin de déterminer quelles sont les tâches qui nécessitent le plus de temps sur une unité fermée de 60 patients âgés présentant des comportements perturbateurs associés à des diagnostics de démence chronique progressive, de désordres psychiatriques et d'une fragilisation physique associée à divers problèmes de santé. Les administrateurs voulaient évaluer la distribution de temps et de tâches du personnel soignant afin de réorganiser la distribution des soins.

Cette étude utilise une méthode descriptive basée sur une observation directe et un enregistrement par des investigateurs des activités de soins à intervalles de 15 minutes. Cette approche d'échantillonnage du travail s'inspirait du travail de plusieurs auteurs (Scherubel et Minnick, 1994; Hendrickson *et al.*, 1990; Schuster et Cloonan, 1989; Abdellah et Levine, 1954).

Au moment de l'étude, le personnel soignant de l'unité de 60 lits était composé de 16 infirmières (12 infirmières autorisées et 4 infirmières auxiliaires) et 20 assistants d'infirmières (*nursing assistants*) pour couvrir les 24 heures. Voici quelques résultats.

Figure 4 :   Une répartition du temps et des types de tâches selon les deux catégories de personnel

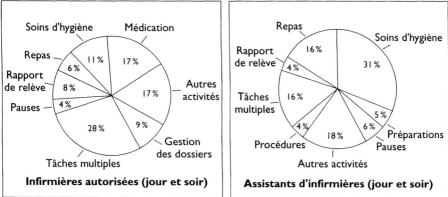

Source : Cardona *et al.*, (1997, p. 32).

Comme les auteurs s'y attendaient, les infirmières ont passé une quantité substantielle de temps à préparer et à administrer les médicaments, soit 17 % du total pour les deux quarts de travail. Les auteurs trouvent toutefois étonnant que 11 % de leur temps soit consacré à donner des bains aux patients (cette tâche incluait le soin de postincontinence). De plus, une grande proportion de leur temps était consacrée à exécuter plusieurs tâches en même temps (28 %). La transmission du rapport entre les quarts de travail et la gestion des dossiers exigeaient aussi une proportion relativement élevée du temps des infirmières, soit de 8 % et 9 % respectivement. Aucune des autres activités n'a consommé plus de 5 % de leur temps. Les pauses et les repas représentaient 10 % du temps total (cf. figure 4).

Du côté des assistants d'infirmières *(nursing assistants)*, une proportion importante (31 %) de leur temps a été consacrée aux bains (cf. figures 4 et 5); aider les patients à prendre leurs repas mobilise aussi une bonne proportion de leur temps (16 %). La quantité de temps passé à faire plus d'une tâche à la fois était inférieure à celle relevée pour les infirmières, mais tout de même substantielle à 16 %. Les pauses, les repas et toutes les autres tâches personnelles que doit accomplir le personnel de soutien étaient supérieures à celles comptabilisées pour les infirmières, mais dans les deux cas la proportion demeure modeste.

Figure 5 : **Le temps alloué au bain et aux repas des patients pour l'ensemble du personnel**

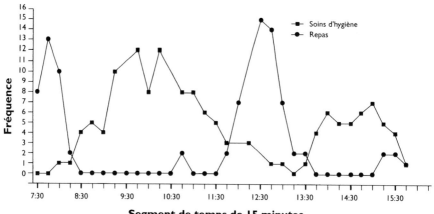

Segment de temps de 15 minutes

Source : Cardona *et al.*, (1997, p. 32)

Les réactions des gestionnaires et du personnel aux résultats ont été positives et productives, bien qu'au début du processus ils étaient étonnés de constater le peu de temps utilisé à la gestion des comportements perturbateurs de la clientèle. Cette analyse objective de leur travail a permis au groupe d'améliorer l'utilisation du temps du personnel infirmier. Par exemple, la routine des repas a été changée afin que ceux qui nécessitaient de l'aide pour prendre le repas soient servis en premier. Les clientèles ont également été regroupées dans la salle de repas pour permettre à un membre du personnel soignant d'aider un plus grand nombre de patients en même temps. En outre, les routines de bain ont été modifiées pour en améliorer l'efficacité; les douches et les bains qui exigeaient le plus de soins ont été répartis plus uniformément durant la semaine. Enfin, un programme de prévention de l'incontinence a été mis de l'avant pour faire suite à une analyse des besoins de la clientèle.

Fait intéressant, le personnel soignant a proposé plusieurs approches pour réduire le nombre d'incidents reliés à l'agitation des patients et des comportements violents. Ils ont découvert que certains patients qui, en raison de troubles de comportements étaient rassemblés autour du poste des soins, étaient trop stimulés. Ainsi, grâce à une nouvelle répartition des types de clientèles, l'équipe de soins est parvenue à diminuer l'agitation tout en veillant à sauvegarder l'espace personnel de chacun des patients.

Ces diverses modifications, en plus d'améliorer le climat de travail, ont permis au personnel infirmier d'avoir plus de temps pour organiser des activités et implanter des programmes thérapeutiques avec les patients. Les patients et les membres de personnel ont donc bénéficié des modifications apportées en réponse aux résultats de cette étude.

3.2. L'ingénierie des processus

La réingénierie est un concept à l'ordre du jour. En effet, il ne se passe pas un jour sans que ce terme apparaisse dans les médias écrits et électroniques. Mais comment définit-on la réingénierie des processus? Certes, il y a plusieurs manières de concevoir ce terme; nous avons opté pour la définition de Hammer et Champy (1993) pour qui la réingénierie des processus d'affaires constitue un point de rupture, un changement radical dans la façon de penser et de structurer les organisations : « le *reengineering* signifie tout reprendre depuis le début. Il suppose qu'on mette de côté une grande partie du savoir hérité de deux siècles de gestion industrielle » (Hammer et Champy, 1993, p. 9-11).

Ces auteurs soutiennent que la réingénierie ne doit pas venir de la base, mais bien de la direction. La direction clarifie alors les orientations stratégiques, formule et promeut une vision d'entreprise tout en suivant le changement grâce à un comité de pilotage formé par tous les acteurs clés de l'organisation. Il revient donc aux dirigeants d'établir la structure et les règles de fonctionnement les plus appropriées ; c'est là le premier grand défi selon Hafsi (1999).

Pour Hammer (1990), la réingénierie des processus d'affaires correspond à un changement de second degré qui veut rompre avec les systèmes organisationnels en place :

> Au cœur de la réingénierie se trouve la notion de pensée discontinue ; il s'agit de reconnaître les règles dépassées et les idées préconçues qui sous-tendent les opérations, et de les rejeter. Si nous ne changeons pas ces règles, nous ne faisons que réarranger les chaises sur le pont du Titanic. Il est impossible d'effectuer des percées dans la performance en « coupant le gras » ou en automatisant des processus existants. Nous devons plutôt remettre en question les vieux préjugés et les vieilles règles qui sont au départ responsables de la sousperformance de l'entreprise (Hammer, 1990, p. 197 ; traduction libre).

Cette méthode, bien qu'utilisée d'abord pour revoir les tâches administratives, peut être appliquée à tous les types de processus de travail, surtout ceux qui semblent problématiques et nécessitent une optimisation. La réingénierie des processus ne vise pas à réaliser des améliorations secondaires, mais à provoquer un bond spectaculaire des performances. Toutefois, si un établissement désire réduire de 10 % ses délais d'attente, par exemple, elle n'a pas besoin de la réingénierie ; des méthodes plus adaptées de motivation des employés aux programmes d'amélioration de la qualité peuvent aider à combler cet écart de 10 %. La méthode Kaizen pourrait notamment favoriser une telle amélioration ; examinons de plus près cette technique.

3.3. Le Kaizen

Le Kaizen a été utilisé durant de nombreuses années dans le milieu industriel et le secteur de la santé commence à s'y intéresser. Ce terme est tiré de deux mots japonais signifiant Kai : étudier et Zen : améliorer. Cette technique consiste à améliorer les processus de manière concrète et dans un laps de temps très court par une équipe multidisciplinaire composée habituellement de six à huit employés. Cette équipe est guidée par un consultant externe à l'organisation qui prend soin d'exclure les membres qui pourraient influencer l'équipe, par exemple, les gestionnaires. Le Kaizen vise à trouver des solutions communes à des problèmes tangibles par la collaboration des membres pour ensuite élaborer un plan d'action en vue de les mettre en œuvre. Contrairement à la réingénierie des processus d'affaires, le Kaizen ne vise pas à accroître la valeur ajoutée, mais plutôt à réduire la valeur non ajoutée qui représente 95 % des opérations d'un établissement. Cette méthode permet d'agir sur sept sources de gaspillage reconnues : 1) les produits défectueux; 2) l'entreposage inutile; 3) la surproduction; 4) les attentes inutiles; 5) les transports inutiles; 6) les tâches inutiles et 7) les mouvements inutiles[1].

Dans le domaine de la santé, ces gaspillages se regroupent souvent sous les trois composantes suivantes :

• accessibilité du matériel,

• réduction du temps d'attente,

• diminution du temps supplémentaire.

Cette méthode empirique est attrayante puisqu'elle donne des résultats concrets à court terme. Elle permet d'accroître la mobilisation des membres, car les solutions sont trouvées, réalisées et proposées par les employés, ce qui augmente leur sens de l'innovation ainsi que leur motivation (Association des hôpitaux du Québec, 2003).

Cependant, si pour des services ou unités, le Kaizen a permis de régler certains problèmes, il appert que pour d'autres le juste à temps ait mieux répondu à leurs besoins.

---

1 *http://www.ifrance.com/accessit/AccessitSite/FichesOutils/Kaizen.htm*

3.4. Le juste à temps

Le principe du juste à temps cherche à contrôler la qualité du processus de fabrication afin que toutes les tâches soient accomplies à temps pour l'opération suivante, ce qui permet de maintenir les inventaires à zéro. Le juste à temps permet de réduire non seulement les stocks mais aussi les délais, les défauts de fabrication et les coûts, ce qui élimine le gaspillage à tous les niveaux de la chaîne logistique (Gélinas, 1997).

De manière concrète, ce mode de gestion des opérations permet de fabriquer des petites quantités afin de mieux répondre aux besoins des clients. Le juste à temps est associé à divers concepts lors de son implantation, notamment au *takt time* et au *kanban*. Le « *takt time* » fait référence au temps consacré à la fabrication du produit en respectant les demandes du client alors que le « *kanban* » est associé au délai de livraison du produit. Cette technique utilise le terme « tirer » plutôt que « pousser ». Cela signifie que la production ne sera mise en branle que lorsque le produit sera vendu, évitant par conséquent d'entreposer inutilement de la marchandise.

Dans le domaine de la santé, le mode du juste à temps commence à apparaître dans des services souhaitant éliminer le gaspillage et réduire les coûts de transport et de fabrication. C'est le cas, par exemple, de services comme l'approvisionnement, la buanderie ou la pharmacie.

Toutefois, l'emploi d'un tel procédé exige de la vigilance puisque toute erreur de commande se répercutera sur la production, entraînant souvent des coûts supplémentaires. Effectivement, si une erreur humaine ou technique est commise lors de la commande et que la demande du client n'est pas satisfaite, l'entreprise devra enclencher une autre production puisqu'elle n'a pas de marchandises en inventaire pour combler la lacune. Les employés doivent donc être attentifs à ces erreurs, ce qui accroît le stress au travail. En revanche, si le procédé du juste à temps est implanté de manière efficiente et efficace, il permet d'atteindre de nombreux objectifs dont les suivants : 1) la fabrication d'une grande variété de produits ; 2) l'augmentation de la qualité des produits ; 3) la réduction des coûts de fabrication ; 4) la réduction des frais de main-d'œuvre ; 5) la réduction de l'espace utilisé ; 6) la réduction du temps de cycle du produit ; 7) l'augmentation de la flexibilité.

De manière globale, le Kaizen et le juste à temps sont des méthodes de production utilisées dans les entreprises nord-américaines; elles ont été empruntées des Japonais qui les utilisaient a priori dans le domaine de l'automobile. On peut les regrouper sous une même technique de production permettant aux organisations et à leurs employés de se concentrer sur l'identification et l'élimination des étapes superflues dans les processus d'affaires afin d'augmenter la productivité; cette méthode se nomme *lean production* ou production allégée. Certains auteurs soulignent que ce mode de production aurait des effets bénéfiques sur la qualité de vie au travail des employés. Ainsi, Womack, Jones et Roos (1990) affirment que les entreprises utilisant la production allégée caractérisée par la rotation des postes et le partage des responsabilités peuvent résoudre des problèmes sérieux et accroître la productivité. Selon ces auteurs, la possibilité de prendre des décisions dans son travail diminue l'effet aliénant du travail qui est le lot des employés affectés à une chaîne d'assemblage, par exemple. Conséquemment, les employés munis de leurs qualifications peuvent exercer un certain contrôle sur leur environnement. En outre, les employés travaillant dans une organisation de production allégée ont la possibilité de collaborer activement et proactivement à la résolution des problèmes qui peuvent surgir à leur travail. Cette possibilité d'utiliser sa créativité rend le travail plus humain et plus productif.

Cependant, tous les auteurs ne sont pas du même avis concernant les bienfaits de la production allégée sur la santé et la qualité de vie des employés. Les résultats d'une étude menée par Landsbergis, Cahill et Schnall (1999) ayant utilisé des techniques de production allégée comme la qualité totale et les équipes mixtes montrent qu'une amélioration de la satisfaction au travail est conditionnelle à un effectif raisonnable.

En définitive, les auteurs ne sont pas unanimes en ce qui concerne la production allégée. D'autres études seront donc nécessaires pour examiner certaines caractéristiques du travail, notamment celles liées aux problèmes musculo-squelettiques et cardiovasculaires. De même, l'application de ce modèle dans le domaine de la santé est plutôt récent et mériterait qu'on s'y attarde davantage.

3.5. Un environnement ergonomique et sécuritaire

Lorsque les intervenants de la santé mettent en œuvre des projets d'optimisation des processus de travail, il leur arrive fréquemment d'entendre le personnel soignant relever des irritants concernant l'environnement physique. En général, trois principales catégories de problèmes sont évoquées : 1) des lieux physiques désuets; 2) des problèmes de sécurité liés aux équipements ou au manque de personnel; 3) une plus grande violence physique et verbale (Baumann *et al.*, 2001). Voici quelques exemples des problèmes rapportés : le poste de travail n'est plus ergonomique; le son des cloches d'appel irrite; les ascenseurs ne suffisent plus aux nombreux déplacements que nécessite la clientèle hospitalisée; des équipements sont défectueux ou manquants; la salubrité laisse à désirer; l'infrastructure générale de l'établissement est désuète et les occasions de blessures semblent nombreuses; les salles de repos servent d'entreposage; les équipements encombrent les corridors des unités. Malheureusement, tous ces irritants semblent engendrer de nombreuses tensions qui se manifestent par de la violence verbale, psychologique et même physique.

Par ailleurs, une incursion dans des écrits portant sur la sécurité au travail en milieu hospitalier chez les infirmières nous en apprend davantage sur les problèmes associés à un environnement physique qui présenterait des lacunes tant sur le plan ergonomique que sécuritaire. Dans les prochaines sections, nous faisons un survol de différentes études ciblant les blessures musculo-squelettiques, le bruit, la violence et le harcèlement psychologique au travail.

3.5.1. Les blessures musculo-squelettiques

Shindul-Rothschild *et al.*, (1996) avancent qu'un grand nombre d'infirmières se blessent au dos pendant leur travail. Selon eux, ces blessures sont causées par le manque de personnel et lorsque les infirmières doivent déplacer des patients. Pour Bongers *et al.*, (1993), l'apparition des troubles musculo-squelettiques découle du faible degré de contrôle au travail. Une étude longitudinale sur 4 000 travailleurs de la santé en Colombie-Britannique a démontré que la pression au travail augmentait également les risques de blessures musculo-squelettiques et de demandes de dédommagement (Koehoorn *et al.*, 1998).

Une étude prospective sur les blessures au dos dues à un effort extrême chez 24 500 infirmières suédoises pendant une période d'un an a révélé que la plupart des incidents survenaient durant les transferts de patients et souvent lorsque les infirmières travaillaient seules (Engkvist *et al.*, 1998). De plus, une étude transversale sur les infirmières suédoises a montré que la pression au travail était liée à l'augmentation d'un double risque de lombalgie (Ahlberg-Hultén *et al.*, 1995). Fait intéressant à mentionner, un examen rétrospectif de 221 blessures aiguës survenues dans un grand hôpital de soins tertiaires en Colombie-Britannique a établi que 59 % des blessures à risque moyen ou élevé auraient pu être évitées (Bryce *et al.*, 1999).

3.5.2. Le bruit

Aux dires de nombreux intervenants de la santé, il ne faudrait pas négliger les effets du bruit omniprésent dans les établissements de santé. Certains chercheurs en ont fait l'objet de leurs études. Ainsi, une recherche a été menée au Colorado dans une unité de soins intensifs afin de connaître les effets du bruit des appareils médicaux de l'unité sur la santé des patients et des infirmières; on a trouvé qu'un son excessif crée un environnement stressant pour le patient. De plus, la protection environnementale des États-Unis stipule qu'on ne doit pas dépasser 45 décibels pour qu'un individu puisse dormir et récupérer convenablement. Or, Topf (2000) constate que les différents appareils d'une unité de soins intensifs produisent un nombre de décibels se situant entre 50 et 86,8 décibels. Pour situer le lecteur sur l'intensité d'un bruit, 70 décibels représentent le son d'un trafic urbain à une heure de pointe ou d'un restaurant bruyant.

En outre, 33 sons différents ont été notés provenant d'un appareil respiratoire (Cropp *et al.*, 1994); 10 de ces sons étaient des alarmes requérant l'assistance immédiate d'une infirmière. Une relation positive a été trouvée entre le stress subjectif engendré par le bruit et des maux de tête fréquents du personnel au travail (Topf, 1988). Cette même étude a démontré une relation positive entre le stress causé par le bruit et l'épuisement émotionnel qui, rappelons-le, est une composante de l'épuisement professionnel.

3.5.3. La violence et le harcèlement psychologique

Après avoir abordé des vulnérabilités plus physiques, voici deux dimensions plus insidieuses du travail et qui interpellent de nombreux acteurs : la violence et le harcèlement psychologique dans nos établissements de santé. Le Centre canadien d'hygiène et de sécurité au travail définit la violence au travail comme « tout acte par lequel une personne est maltraitée, menacée, intimidée ou agressée dans l'exercice de ses fonctions profes-sionnelles » (*Canadian Center for Occupational Health and Safety,* 1999, cité dans CCCSI, 2002 : 23). Selon la Commission des normes du travail du Québec[2], le harcèlement psychologique est défini comme : « une conduite vexatoire qui se manifeste par des comportements, des paroles, des actes ou des gestes qui réunit ces quatre critères : (1) ils sont répétés; (2) ils sont hostiles ou non désirés; (3) ils portent atteinte à la dignité ou à l'intégrité psy-chologique ou physique; et (4) ils entraînent un milieu de travail néfaste. Le harcèlement sexuel au travail est également inclus dans cette définition. » La conduite vexatoire est une conduite humiliante ou abusive qui blesse la personne dans son amour-propre ou lui cause du tourment. C'est aussi un comportement qui dépasse ce que la personne estime être correct et raisonnable dans l'accomplissement de son travail. Le harcèlement peut provenir, entre autres, d'un supérieur, d'un collègue, d'un groupe de collègues, d'un client, d'un fournisseur, etc. Le milieu de la santé ne semble pas à l'abri de ces problématiques.

Une enquête menée dans quelques hôpitaux de l'Alberta et de la Colombie-Britannique a révélé qu'un grand nombre d'infir-mières avaient été victimes de violence au cours des cinq der-niers quarts de travail (Duncan *et al.,* 2001). McAneney et Shaw (1994) soutiennent que les risques encourus par le personnel infirmier dans les hôpitaux et les milieux communautaires aug-mentent sans cesse et sont peut-être symptomatiques d'une société de plus en plus violente. Toutefois, cette situation peut aussi être occasionnée par la pénurie d'infirmières, car les temps

---

2 *www.cnt.gouv.qc.ca*

d'attente prolongés dans les salles d'urgence ou dans les divers services sont souvent à l'origine de comportements violents envers le personnel (McAneney et Shaw, 1994).

Le problème de la violence verbale, physique, émotionnelle et sexuelle sur les lieux de travail n'est ni nouveau dans le secteur des soins infirmiers, ni particulier au Canada. Aux États-Unis : Les travailleurs en soins de santé sont agressés plus souvent sur les lieux de travail que tout autre groupe d'employés, y compris les policiers (Occupational Safety and Health Administration, 1998), et les infirmières risquent d'être agressées au travail plus souvent que les gardiens de prison ou les agents de police (Kingma, 2001). Le Conseil international des infirmières affirme que 72 % des infirmières ne se sentent pas en sécurité dans leur lieu de travail et que près de 95 % d'entre elles ont été agressées au travail (Comité consultatif canadien sur les soins infirmiers, 2002, p. 23).

Pour sa part, la Fédération des infirmières et infirmiers du Québec (FIIQ) a mené en 1995 une vaste enquête auprès de ses membres qui a révélé que la violence constitue un problème majeur pour les infirmières. Près de 90 % des répondantes déclarent avoir subi l'une ou l'autre des formes de violence suivantes : menace d'agression, agression physique, agression à caractère sexuel, attitudes ou propos blessants. Les données recueillies indiquent que 67,6 % d'entre elles ont été victimes d'agression physique, 75,5 %, de violence verbale ou psychologique et 44,8 %, d'agression à caractère sexuel. Des conséquences comme des troubles du sommeil, de l'épuisement, de la colère, de la peur et de l'impuissance sont ressenties à la suite de ces agressions aux dires des participantes (FIIQ, 1995).

Une autre étude (Kane, 2000) sur la violence en milieu de travail a été réalisée en février 2000 au moyen d'un questionnaire auto-administré distribué à tous les employés du CLSC-CHSLD Pointe-aux-Trembles situé dans Montréal-Est. Le taux de réponse s'élève à 53 %. Les résultats révèlent que plus de 70 % des répondants estiment que leur milieu de travail présente des risques d'agression; ce niveau est encore plus élevé chez les personnes œuvrant au CHSLD. Quelque 60 % des employés déclarent avoir été victimes d'au moins un incident de violence ou de harcèlement psychologique au cours de la période de six mois précédant l'enquête. Les agressions verbales constituent la forme d'expression de violence la plus souvent citée, tandis que les agressions physiques, notamment en CHSLD, ont été notées par plus d'un employé sur cinq au cours de la période étudiée. Les patients et leur réseau sont identifiés comme étant les principaux responsables des incidents. Toutefois, les tensions entre employés et entre ces derniers et leurs supérieurs hiérarchiques semblent préoccuper une majorité de répondants de l'étude. Des différences sont observées en fonction du lieu de travail, de la profession et du service; par exemple, l'exposition à l'ensemble de ces tensions est plus importante pour les préposés aux bénéficiaires, les auxiliaires familiales et sociales et les infirmières.

Plus de la moitié des répondants déclarant avoir été victimes de harcèlement ou d'agression considère que l'incident le plus significatif vécu au cours de la période de six mois précédant l'enquête a été provoqué par des comportements des collègues ou des supérieurs hiérarchiques. L'insatisfaction liée aux services (nature, quantité et délais pour leur obtention) et les conflits interprofessionnels comprenant les relations hiérarchiques sont les facteurs le plus souvent évoqués pour expliquer l'origine des agressions et du harcèlement. L'insécurité et la peur, de même que la colère et la frustration sont les effets le plus souvent rapportés par les répondants.

Or, la littérature montre que la prévention dans les établissements de santé demeure le meilleur moyen pour contrer la violence et le harcèlement psychologique. Divers moyens sont suggérés, en voici des exemples :

- Instaurer une politique de tolérance zéro à la violence et au harcèlement en y joignant un mécanisme connu, efficace, crédible et adapté à la réalité de son établissement de santé pour permettre à la personne de révéler, en toute discrétion, un cas de violence ou de harcèlement.

- Favoriser envers tous les niveaux hiérarchiques du personnel une communication interpersonnelle respectueuse.

- Faire une gestion précoce et appropriée des conflits; ne pas laisser la situation se détériorer.

- Définir clairement les responsabilités, les rôles et les tâches de chacun; être équitable dans la gestion au quotidien.

- Recourir, dans certains cas, à des ressources spécialisées comme le PAE (programme d'aide aux employés) pour aider à faire cesser une situation de violence ou de harcèlement psychologique et en prévenir d'autres.

Par conséquent, pour créer un environnement de travail sain pour les infirmières, on doit créer un milieu de travail exempt de violence, de harcèlement et de mauvais traitements ainsi qu'un environnement privilégiant la sécurité des intervenants de la santé.

Au Québec, comme dans d'autres pays industrialisés, le milieu du travail occupe une place prépondérante dans la vie de la plupart des individus. Comme l'équilibre psychique d'une personne s'apprécie, entre autres, par la qualité de ses relations, on comprend qu'un milieu de travail pathogène, caractérisé par des interactions et des comportements hostiles ou violents entre les membres d'une même organisation, ne soit pas favorable à la santé mentale. Selon Jauvin (1999, p. 1) : « L'identification de pistes d'intervention efficaces favoriserait un climat de travail exempt de manifestations violentes et favoriserait l'équilibre psychique des travailleurs, rejoignant ainsi le seizième objectif de la Politique de la santé et du bien-être du MSSS à savoir : Les problèmes de santé mentale. »

Dans la prochaine partie, nous nous penchons sur le troisième thème central du modèle intégrateur en organisation des soins et du travail, soit l'optimisation de l'environnement psychosocial.

PARTIE 4

L'optimisation
de l'environnement psychosocial

Pour traiter de l'optimisation de l'environnement psychosocial du travail, nous nous sommes inspirés de nombreux travaux en santé mentale au travail. On y relève notamment que la détresse psychologique, le stress et l'épuisement professionnel semblent contribuer à accroître l'absentéisme chez les intervenants de la santé. Que sont devenues les vertus du travail favorisant la santé ? Plusieurs intervenants dénoncent un manque de mobilisation, la dissolution des équipes de travail et un climat organisationnel plus que morose. Aussi, de nombreux chercheurs ont-ils tenté de comprendre ce qui occasionnait tous ces maux afin de diminuer, voire d'éliminer les contraintes du travail et favoriser la santé au travail des intervenants[1].

4.1. La santé au travail

Au Québec, au cours des dernières années, les problèmes de santé psychologique au travail sont les principaux responsables de l'augmentation de l'absentéisme. Brun (2003a) avance que les enquêtes sur la santé et le bien-être de la population québécoise réalisées par Santé Québec le démontrent bien. Entre 1987 et 1998, l'incapacité de travail due à des problèmes de santé psychologique a presque doublé : elle est passée de 7 % à 13 %. Ces enquêtes révèlent également que le nombre moyen de journées d'incapacité de travail par personne pour des problèmes de santé

---

1 Pour plus d'informations sur l'optimisation de l'environnement de travail en soins infirmiers, voir Viens *et al.*, 2002.

psychologique a plus que triplé entre 1992 et 1998, passant de 7,4 à 24,6 jours par 100 personnes, soit une hausse de plus de 200 %.

Bourbonnais *et al.*, (1998) notent également une augmentation des problèmes de santé d'origine psychosociale au cours des dernières années chez les 2 000 infirmières de la région de Québec. Les résultats de l'étude révèlent qu'au cours de l'automne 1997, les infirmières rapportaient plus souvent un niveau élevé de détresse psychologique (41 %) qu'une population comparable d'infirmières étudiée en 1994 (28 %) et 1995 (32 %) et qu'un échantillon représentatif de travailleuses québécoises (31 %), selon l'enquête menée par Santé Québec en 1992-1993. Les nombreuses transformations du réseau de la santé québécois auraient insécurisé et démobilisé le personnel soignant.

Selon Baumann *et al.*, (2001), la tension au travail serait causée par de lourdes charges de travail (plus grand nombre et plus grande complexité des cas) et les longues heures de travail, des conditions difficiles de travail, la difficulté de tenir des rôles professionnels ainsi que divers risques inhérents à l'emploi. Dans un contexte d'offre et de demande équilibrée en matière de main-d'œuvre infirmière, le stress ne posait pas un sérieux problème. Aujourd'hui, les organisations sont aux prises avec des pénuries de personnel, éprouvent des difficultés d'attraction et de rétention du personnel et doivent envisager de nouveaux modes de distribution de soins, de nouvelles compositions d'équipe de travail afin de tirer le meilleur parti des effectifs en place.

Ainsi, de plus en plus, on reconnaît l'importance d'améliorer l'environnement de travail et la qualité de vie du personnel soignant afin d'éliminer la tension et la détresse psychologique. Selon Karasek et Theorell (1990), ainsi que Kristensen (1999) et Siegrist (1996), il existe des dimensions qui favorisent le bien-être et la qualité de l'environnement de travail. Leurs études relatives aux effets sur la santé de l'environnement psychosocial de travail permettent de relever six dimensions qui contribuent à créer un environnement psychosocial optimal du travail pour les travailleuses. Il s'agit de la demande psychologique, de la latitude décisionnelle, du soutien social, des efforts/reconnaissance, de la prévisibilité et du sens au travail. Voyons plus en détail chacune de ces dimensions.

4.2. L'environnement psychosocial optimal du travail

Depuis 1980, le modèle de la tension au travail développé par Karasek (1979) domine la recherche empirique sur les facteurs psychosociaux. La principale hypothèse de ce modèle est que la tension résulterait de l'effet combiné d'une demande psychologique élevée et d'une faible latitude décisionnelle dans le travail et engendrerait un risque plus élevé de vivre des problèmes de santé. La demande psychologique au travail englobe trois dimensions de la charge de travail, soit la quantité, la complexité du travail et les contraintes de temps. Ainsi, avoir une charge de travail élevée renvoie non seulement à la quantité excessive de travail, mais aussi au fait de travailler vite, d'être souvent ralentie ou interrompue, de recevoir des demandes contradictoires, de manquer de temps pour réaliser le travail, de travailler fort mentalement et, enfin, d'être concentrée durant de longues périodes.

La latitude décisionnelle recouvre deux réalités : l'une concerne l'autonomie de compétence, c'est-à-dire la capacité d'utiliser ses habiletés et ses qualifications, d'en développer de nouvelles et d'utiliser sa créativité au travail, et l'autre se rattache au pouvoir décisionnel, c'est-à-dire à la possibilité de choisir comment faire son travail, de participer aux décisions qui s'y rattachent et d'avoir de l'influence au travail (Karasek et Theorell, 1990). La tension au travail est associée à une série d'effets sur la santé physique et mentale (Kristensen, 1996). Toutefois, cette tension peut être réduite grâce au soutien dont peut bénéficier le sujet.

En effet, une seconde hypothèse suppose que le soutien social au travail, sous forme d'aide et de collaboration de la part des collègues et des supérieures, pourrait diminuer la tension au travail et réduirait ainsi l'association entre la tension au travail et les problèmes de santé (Karasek et Theorell, 1990; Johnson et Hall, 1989). D'une part, le soutien social du supérieur fait référence à la possibilité de lui demander conseil et de l'aide, à sa capacité de faire travailler les gens ensemble, de donner du crédit aux employés pour le travail effectué et, enfin, de leur donner confiance. D'autre part, le soutien social des collègues est présent lorsque les gens s'intéressent les uns aux autres, font partie d'une même équipe où ils peuvent développer des relations amicales, demander des conseils ou de l'aide en situation d'urgence. Ainsi, le groupe de travailleuses à risque élevé de présenter un problème de santé mentale au travail serait composé d'individus ayant à la fois une forte demande psychologique, une faible latitude décisionnelle et un faible soutien social au travail.

Une autre dimension de l'organisation du travail qui joue un rôle bénéfique pour la santé mentale a trait à la reconnaissance. La reconnaissance est de trois ordres : monétaire (rémunération), socio-émotionnelle (l'estime et le respect au travail) et reliée au contrôle sur son statut professionnel (les perspectives de promotion et la sécurité d'emploi; Niedhammer et Siegrist, 1998).

Siegrist (1996) propose un modèle du déséquilibre entre les efforts et la reconnaissance. Ce modèle repose sur l'hypothèse qu'une situation de travail caractérisée par une combinaison d'efforts élevés et une faible reconnaissance peut entraîner des réactions pathologiques sur le plan émotionnel et physiologique (Vézina, 1999; Siegrist, 1996). Plus récent que le modèle de Karasek, celui de Siegrist est appuyé par quatre études (dont trois longitudinales) qui portent principalement sur l'incidence de maladies cardiovasculaires et sur l'absentéisme (Bosma et al., 1998; Peter et Siegrist, 1997; Siegrist et al., 1997; Siegrist et Peter, 1994). De plus, les résultats des études laissent croire à l'existence d'un effet indépendant des deux modèles théoriques (Niedhammer et Siegrist, 1998).

Les efforts élevés incluent deux composantes : l'effort extrinsèque au travail et le surinvestissement. La première est liée aux contraintes de temps, aux interruptions fréquentes, aux nombreuses responsabilités, à l'augmentation de la charge de travail, à l'obligation de faire des heures supplémentaires et aux efforts physiques exigés pour la réalisation du travail. La seconde se traduit par les attitudes et les motivations liées à un engagement excessif dans le travail. Cette composante, liée au profil de la personnalité, se manifeste par la compétitivité, l'hostilité latente, l'impatience, l'irritabilité disproportionnée, l'incapacité à s'éloigner du travail ainsi qu'au besoin d'approbation (Niedhammer et Siegrist, 1998). Il est en effet probable que les individus ayant un fort besoin de contrôle dépensent beaucoup d'énergie en termes d'implications et de mobilisation dans leur travail, même dans des situations de faibles gains relatifs. Cela peut en partie s'expliquer par l'expérience autogratifiante de contrôler une situation de défi. Bien que propice à la reconnaissance à court terme, un besoin élevé de contrôle à long terme peut provoquer une perturbation physiologique en amenant les travailleurs à surévaluer et surutiliser leurs ressources.

Enfin, Kristensen (1999) propose un modèle éclectique qui réunit les modèles de Karasek et de Siegrist tout en les complétant. Ce modèle regroupe six dimensions, soit les quatre dimensions présentées précédemment (demande psychologique, latitude décisionnelle, soutien social et déséquilibre efforts/reconnaissance) et les nouvelles dimensions (la prévisibilité et le sens au travail).

Selon Kristensen (1999), la prévisibilité et le sens au travail influencent significativement la santé autorapportée et l'absence au travail. La prévisibilité renvoie à une faible menace de pertes importantes; il peut s'agir d'une perte de l'emploi, mais aussi de sa sécurité d'emploi, de son statut, d'un mandat ou d'une fonction dans l'établissement. De plus, la communication dans les organisations doit permettre de recevoir suffisamment à l'avance toute l'information relative à des décisions importantes et nécessaires pour bien effectuer le travail. Le sens au travail est une nécessité vitale pour l'être humain. Les infirmières trouvent un sens à leur travail lorsqu'elles soignent les patients en adoptant un comportement conforme à la philosophie de leur profession à l'égard des soins. Bien qu'il existe des variations individuelles de la perception que les infirmières ont de leur rôle, la plupart d'entre elles souscrivent à la philosophie holistique des soins et leur travail prend tout son sens lorsqu'elles peuvent s'occuper de tous les aspects de la santé d'un patient (Baumann *et al.*, 2001). Actuellement, d'après ces auteurs, pour un grand nombre d'infirmières, l'organisation ne leur offre pas la possibilité de réaliser cette quête de sens au travail.

4.3. Les stratégies d'optimisation d'un environnement psychosocial de travail

Malgré la croissance de l'intérêt pour la prévention du stress, depuis plusieurs années, peu d'interventions ont fait l'objet d'évaluations rigoureuses (Shannon, Robson et Sale, 2001; Kompier et Kristensen, 1999) et parmi les interventions évaluées, rares sont celles qui rapportent des résultats positifs (Bond et Bunce, 2001; Lourijsen *et al.*, 1999; Parkes et Sparkes, 1998; Landsbergis et Vivona-Vaughan, 1995; Reynolds et Briner, 1994; Burke, 1993; Karasek, 1992). D'une part, certains chercheurs affirment qu'il y a peu de résultats appuyant la causalité voulant que les dimensions du travail influencent la santé mentale au travail (Van der Klink *et al.*, 2001; Amick et Kasl, 2000; Reynolds, 1997). En effet, Van der Klink *et al.*, (2001) ont réalisé une méta-analyse de 48 études d'interventions qui visent le stress au travail, de 1977 à 1996, au moyen d'un devis expérimental ou quasi expérimental. Il s'agit de la première méta-analyse quantitative dans la littérature relative aux effets de différentes interventions. Les auteurs ont évalué quatre types d'interventions, soit les approches cognitives comportementales qui visent la modification de perception et des habiletés de « coping » actives (18 études), les techniques de relaxation qui sont une forme de « coping » passive (17 études), les interventions multimodales qui ciblent les habiletés de « coping » actives et passives (8 études) et les interventions organisationnelles (5 études). Les auteurs ont conclu que les interventions cognitives comportementales (approches individuelles) sont les plus efficaces et permettent d'améliorer la perception de la qualité de vie au travail, d'augmenter les ressources psychologiques et de réduire les plaintes. Toutefois, il ressort de cette méta-analyse quelques limites méthodologiques soulignées par les auteurs. L'une d'entre elles porte sur les résultats des approches organisationnelles qui se basent sur cinq études seulement sur un total de 48. Une autre limite concerne la période de temps très courte entre la fin de l'intervention et l'évaluation, soit une moyenne de neuf semaines entre l'évaluation pré- et post-intervention pour les approches individuelles. Enfin, les auteurs signalent qu'en raison de la nature des interventions organisationnelles qui modifie en premier lieu les aspects de l'environnement du travail, il se peut qu'une évaluation à long terme soit nécessaire avant que les interventions organisationnelles ne modifient les résultats sur le plan individuel.

Malgré les limites méthodologiques relatives à l'évaluation des interventions organisationnelles, plusieurs chercheurs soulignent l'importance d'intervenir sur les dimensions du travail en se basant sur des modèles théoriques tels que la tension au travail et le déséquilibre entre les efforts et la reconnaissance pour améliorer l'environnement de travail (Shannon *et al.*, 2001; Kristensen, 1999; Siegrist, 1996; Ganster, 1995; Karasek et Theorell, 1990). En effet, des chercheurs commencent à obtenir des résultats positifs probants par une intervention organisationnelle visant à améliorer l'environnement psychosocial au travail (Lavoie-Tremblay *et al.*, 2005; Bourbonnais *et al.*, 2003).

Afin de prévenir les problèmes de santé mentale au travail et d'améliorer l'environnement de travail, plusieurs actions de prévention peuvent être mises en place. En effet, on retrouve trois types d'intervention, soit la prévention primaire, secondaire ou tertiaire. La prévention primaire vise la réduction des contraintes du travail, la prévention secondaire tente d'accroître les capacités d'adaptation des individus et la prévention tertiaire vise à traiter ou à réadapter les employés qui présentent des symptômes importants de stress au travail (Kompier et Marcellissen, 1990; Murphy, 1988).

La prévention primaire vise la réduction ou l'élimination à la source des problèmes de santé mentale au travail. Ainsi, on tente de réduire les impacts négatifs des facteurs de risque (contraintes du travail) sur les individus. Ce type d'intervention se concentre directement sur l'environnement de travail et, en définitive, sur l'organisation. De plus en plus d'études font ressortir que les interventions de niveau primaire, c'est-à-dire la réduction des contraintes du travail à la source, sont les plus efficaces (Bond et Bunce, 2001; Lourijsen *et al.*, 1999). Il existe certaines raisons qui incitent les organisations à favoriser les interventions de niveaux secondaire et tertiaire au détriment des interventions de niveau primaire. D'une part, les personnes responsables seraient souvent plus à l'aise avec l'idée de changer l'individu plutôt que d'apporter des modifications au fonctionnement de l'organisation (Ivancevich *et al.*, 1990). D'autre part, il est beaucoup moins fastidieux pour une organisation de développer un programme visant la modification du comportement et des attitudes des individus (Cooper et Cartwright, 1997).

Bien qu'elles soient très populaires auprès des organisations, les interventions de niveaux secondaire et tertiaire produiraient des effets généralement limités et de durée plutôt courte (Van der Hek et Plomb, 1997; Burke, 1993; Murphy, 1988).

Au Québec, une équipe de recherche (Bourbonnais *et al.*, 2003)[2] a conçu un programme incluant des interventions organisationnelles de type prévention primaire, avec la participation du personnel soignant. L'étude avec un devis quasi expérimental s'est déroulée dans la région de Québec en milieu de soins de courte durée (un hôpital expérimental et un autre témoin) entre 2000-2002 et en soins de longue durée (quatre CHSLD expérimentaux et huit CHSLD témoins) entre 2001 et 2003. L'originalité de ce programme de recherche réside dans la démarche participative qui permet aux acteurs de l'organisation qui vivent les problèmes au quotidien de développer leurs capacités de résolution de problèmes, de trouver des solutions novatrices et de passer à l'action pour contrer la morosité du milieu de travail. Son objectif principal est de réduire les contraintes psychosociales de l'environnement du travail et les problèmes de santé mentale au travail dans un centre hospitalier de soins généraux et spécialisés ainsi que dans quatre centres d'hébergement et de soins de longue durée. Cette étude est basée sur les modèles de Karasek (1990), Siegrist (1996) et Kristensen (1999).

Les résultats relatifs au centre hospitalier de courte durée où s'est déroulée la démarche participative révèlent que la forte demande psychologique, la faible reconnaissance, le déséquilibre entre les efforts fournis et la reconnaissance obtenue et la perception d'une faible qualité du travail affichent une diminution significative à la suite de l'intervention organisationnelle. Malgré le délai de 12 mois après le début de l'intervention, des changements positifs et significatifs sont apparus dans le centre hospitalier. Il n'en demeure pas moins qu'une évaluation après 24 à 36 mois permettra d'en savoir encore plus, étant donné que

---

2 Le site où l'on peut se procurer le rapport de recherche est le suivant: *http://www.cchvdr.qc.ca/Recherche/Rapports/RappActScientEvalIntervPartPrev.pdf*

la démarche participative se poursuivra, que les soignants s'approprieront la démarche et que les solutions trouvées seront mises en œuvre (Bourbonnais *et al.*, 2003)[2]. Les résultats pour les centres de longue durée sont à venir et seront disponibles sur le site du CLSC/CHSLD Haute-Ville-des-Rivières de Québec[3].

4.4. Les recommandations en lien avec les interventions organisationnelles

Dans le cadre d'une revue de littérature, Karasek (1992) a analysé 19 études internationales décrivant des programmes de prévention de stress en milieu de travail. Ces programmes visaient la prévention primaire par la diminution à la source du stress au travail en modifiant l'environnement de travail. Le but de son analyse était de dégager des facteurs de succès communs. Toutefois, la diversité des lieux d'interventions, des méthodes utilisées et des occupations étudiées amène plusieurs limites et ne permet pas de définir clairement et rigoureusement les facteurs de succès d'un programme de prévention de stress au travail. Malgré ces limites, Karasek (1992) conclut, en soulignant l'importance de la participation des employés, car elle semble réduire l'épuisement au travail et augmenter la possibilité d'améliorer la productivité.

Par ailleurs, les revues de littérature sur les interventions organisationnelles pour réduire le stress au travail réalisées par Polanyi *et al.*, (1998) ainsi que Parkes et Sparkes (1998) ne permettent pas de faire ressortir les résultats satisfaisants en raison des limites méthodologiques. Néanmoins, Parkes et Sparkes (1998) concluent leur analyse en soumettant six recommandations liées aux interventions organisationnelles, soit :

1) La nature de l'intervention : focaliser sur un ou quelques-uns des agents stressants, éviter d'introduire trop de changements simultanément.

2) Le cadre théorique : utiliser un modèle théorique validé pour guider les stratégies d'interventions, choisir les instruments de mesure et la nature des analyses.

---

3 *http://www.cchvdr.qc.ca*

3) Le design expérimental : considérer (avec le personnel de gestion) le but précis de l'intervention proposée et réviser toutes les options disponibles pour le design expérimental; trouver la méthode la plus rigoureuse et la plus réaliste.

4) Les mesures : utiliser des mesures subjectives et objectives pour évaluer les résultats individuels; utiliser des mesures objectives en lien avec l'organisation (absentéisme, démissions, accidents).

5) La durée de l'étude : les effets de l'intervention peuvent être mesurés à différents intervalles. Idéalement, un intervalle de deux ans est recommandé avant de réaliser la mesure finale.

6) L'indépendance des consultants et des chercheurs : les chercheurs responsables de l'évaluation des interventions doivent être indépendants de ceux qui sont impliqués dans l'identification des problèmes et l'élaboration de solutions.

Dans leur étude, Landsbergis et Vivona-Vaughan (1995) font les recommandations suivantes lorsque des interventions sont introduites dans une organisation :

• L'engagement formel des syndicats;

• L'intégration des interventions dans le cadre du développement organisationnel et des projets de réorganisation de l'établissement;

• L'établissement de structures afin de faciliter la communication entre les participants;

• L'élaboration et l'implantation de plans d'action qui impliquent l'ensemble de l'établissement;

• La promotion de l'intervention comme un processus continu (autoportant) et non un projet de passage (limité dans le temps);

• L'analyse des coûts-bénéfices.

Dans leur ouvrage, Kompier et Cooper (1999) décrivent 11 études provenant de divers pays d'Europe. Parmi les études citées, rares sont celles qui utilisent un groupe témoin et qui font l'objet d'une randomisation. Le principal indicateur mesuré est l'absentéisme qui est souvent réduit après l'intervention, et ce, de façon significative; d'autres variables sont mesurées telle la satisfaction au travail. Parmi ces études, une seule s'intéresse aux coûts et démontre que les bénéfices monétaires sont plus élevés que les coûts de l'intervention (Lourijsen *et al.*, 1999).

Ces auteurs relèvent cinq éléments essentiels au succès d'une intervention dont l'objet est la prévention du stress au travail :

1) Une approche systématique et utilisant la résolution de problème.

2) Un diagnostic adéquat et une évaluation des risques qui décrivent l'état de l'organisation avant d'introduire une intervention.

3) Une combinaison de prévention primaire et de prévention secondaire.

4) Une approche participative, qui implique les employés et les cadres intermédiaires.

5) Un soutien et un engagement constant du supérieur hiérarchique.

Saksvik *et al.*, (2002) ont également analysé le processus d'évaluation de sept interventions individuelles et organisationnelles. Des entrevues semi-dirigées (N = 130) ont été menées avant et après les interventions auprès des employés et gestionnaires de 22 bureaux de postes, de 12 unités organisationnelles (maisons de soins, unités d'administration) et de 10 magasins d'une municipalité norvégienne. Les données fournies par les entrevues ont fait l'objet d'analyse selon la procédure de Strauss et Corbin (1998) et ont, par la suite, été catégorisées (Rubin et Rubin, 1995). En outre, une analyse de contenu des rapports de recherche, d'un rapport d'observation et de thèses d'étudiants (dont l'objet est l'évaluation de l'intervention) a été réalisée. À partir de ces données, les auteurs ont fait certains constats au regard du processus, soit l'importance :

D'apprendre des échecs et de faire face aux motivations variées

Il arrive que l'évaluation et le suivi de l'intervention soient réalisés par un niveau central de l'organisation, ce qui rend difficile l'accès aux résultats et aux enseignements tirés des expériences des différentes interventions en cours. Par ailleurs, les cadres intermédiaires et les représentants des employées soulèvent un autre problème, soit l'absence de résultats concrets à court terme à la suite de l'intervention. Ils participent d'abord avec enthousiasme et motivation au projet et, au fur et à mesure du déroulement, le niveau d'énergie diminue vu l'absence de résultats et de suivi des niveaux hiérarchiques.

De considérer les différentes perceptions organisationnelles

Lors de l'évaluation, il faut observer comment chacune des unités adapte une solution commune. En effet, plusieurs solutions locales sont implantées au sein des unités, mais de différentes façons, c'est-à-dire selon la culture et les perceptions du personnel et des gestionnaires en place. Ainsi, l'intervention se transforme et peut différer d'une unité à l'autre.

D'observer les comportements organisationnels informels et implicites

Lorsque le gestionnaire considère le projet d'intervention comme une perte de temps, les employés adoptent également une attitude négative. De plus, il y a des personnes qui ne participent pas à l'intervention et qui gagneraient à y participer; elles semblent préférer le sabotage passif lors de l'implantation de l'intervention.

De clarifier les rôles et les responsabilités

Les gestionnaires de projet tentent d'assumer tous les rôles à la fois et ne pensent pas à demander l'aide de ressources externes.

Projets de réorganisation et changements organisationnels

Les coupures budgétaires, le changement de personnel, la fermeture de département ou tout autre changement organisationnel peuvent survenir durant l'intervention et susciter une diminution de la participation du personnel.

Enfin, Lavoie-Tremblay et Viens (2003) dans le cadre d'une recherche d'intervention évaluative réalisée dans une unité de soins de longue durée, relèvent des conditions gagnantes pour la création d'un milieu psychosocial optimal de travail par une démarche participative. L'intervention a été réalisée par une équipe composée de l'infirmière-chef, de l'infirmière clinicienne, de représentants de chaque catégorie de soignants ainsi que de représentants syndicaux. Le projet d'intervention a permis de diminuer l'absentéisme de l'unité qui est passé de 8,26 % en 1999-2000 à 1,86 % en 2001-2002 (Lavoie-Tremblay *et al.*, 2005).

Ces conditions gagnantes sont les suivantes :

1) L'apport d'une ressource externe dans l'organisation.

En général, les intervenants de la santé n'osent plus croire en de nouveaux projets de changements de la part de leur équipe de direction, la confiance étant érodée. Les employés expliquent qu'au fil des ans de nombreuses tentatives d'améliorer la situation se sont révélées difficiles. C'est pourquoi le recours à une personne-ressource à l'externe permet aux deux parties d'objectiver le processus d'intervention. Toutefois, il importe de signaler que ce recours à une ressource externe peut signifier pour le gestionnaire de l'unité qu'il n'a pas réussi à rallier son équipe et qu'il n'a pas fait son travail adéquatement; il faut donc savoir dégager et partager toutes ces perceptions en début d'intervention. En fait, le gestionnaire doit comprendre qu'il ne peut pas jouer tous les rôles à la fois et qu'un soutien temporaire peut constituer une planche de salut dans la tourmente actuelle du réseau de la santé. De plus, on doit s'assurer que les personnes concernées par les changements en tireront des gains réels; sinon, le processus de changement ne fera que susciter de nombreuses résistances.

2) La théorie des petits pas.

Il est préférable d'instaurer de petits changements au début et d'obtenir des résultats rapidement; il faut éviter d'introduire plusieurs concepts en même temps. Avec l'approche des petits pas, les soignantes apprennent à établir graduellement une relation de confiance, tant au plan personnel qu'envers l'établissement, et à travailler en petits groupes. La confiance est fortement liée à la communication et aux relations interpersonnelles entre collègues. En début de projet, on doit choisir des changements plus simples et s'assurer de les réussir, la crédibilité du projet en dépend.

3) La durée de la démarche.

Les soignantes peuvent trouver la démarche participative longue et parfois pénible, surtout si elles doivent participer à des réunions, car elles sont habituées à vivre dans l'action. Par conséquent, elles se lassent vite d'être assises à analyser des contraintes et à élaborer des plans d'action sur papier. Les gestionnaires doivent ainsi tenter de diminuer le sentiment d'urgence qu'a le personnel à vouloir trouver rapidement des solutions sans avoir analysé l'organisation actuelle du travail. Aussi, la période d'analyse peut être limitée à une demi-journée afin que les participants puissent « penser » le matin et agir l'après-midi, ce qui leur permet de vérifier leurs hypothèses d'interventions ou de recueillir ou valider de nouvelles données. Il est également apparu pertinent de mettre en œuvre des projets plus humbles et plus concrets, à court terme, dont les résultats rapides ont pour effet d'encourager les équipes.

4) L'engagement des syndicats.

Un moyen de redonner confiance aux soignantes est d'intégrer les syndicats dès le début de la démarche. Par contre, le syndicat ne doit pas nuire à la liberté d'expression des membres de l'organisation. Il est donc important que chacun respecte son rôle et canalise son énergie dans un but commun : améliorer la santé et le milieu de travail des soignantes et, en fin de compte, les soins aux patients.

5) Le soutien aux équipes.

Pour offrir un soutien aux équipes, il est préférable de développer des outils favorables à une communication efficace et pertinente, de former les membres de l'équipe aux différentes techniques de communication (par exemple la rétroaction constructive) et, aussi, de leur donner du temps et « des espaces de parole ». Il convient également de faire participer un grand nombre de soignantes à travers des petits groupes de travail et de leur donner le soutien professionnel, personnel et matériel dont elles ont besoin pour évoluer. En outre, le soutien du gestionnaire est nécessaire, car il favorise l'engagement et la motivation des membres de l'équipe. Il va sans dire qu'il doit également faire preuve de cohérence entre les valeurs prônées et les gestes posés. Enfin, le gestionnaire doit à son tour recevoir du soutien afin de maximiser ses chances de conserver le moral des équipes.

6) Le transfert des expériences en cours vers l'ensemble de l'organisation.

Il s'agit de considérer cette démarche comme un processus continu et systémique. Il faut pouvoir transférer à l'ensemble du personnel toutes les solutions ou stratégies gagnantes identifiées et aussi les erreurs, sources d'apprentissages. C'est un projet collectif qui permet à l'établissement de devenir une organisation apprenante et novatrice. Il est valorisant et c'est un signe de reconnaissance pour le personnel de communiquer leur démarche et leurs plans d'action afin de contaminer positivement leurs collègues.

Conclusion

Nous désirons conclure par l'hypothèse suivante : un environnement de travail sain passe par la satisfaction des patients et des infirmières. Lowe (2003b) stipule que les environnements de travail sains *(healthy workplace)* contribuent à accroître la satisfaction du personnel, à diminuer les absences et le taux de roulement, à accroître les performances des employés, à diminuer les accidents de travail, à réduire les avantages sociaux liés à la santé et les coûts de compensation. Lorsqu'on demande aux travailleurs ce qu'ils considèrent comme important dans un emploi, les employés canadiens répondent ceci : le respect, un emploi intéressant, une bonne communication, le sens d'accomplissement, un bon équilibre entre le travail et la famille et la possibilité de développer ses habiletés et ses compétences. Lorsque la même question est posée aux infirmières, voici ce qu'elles répondent : avoir de l'influence et une latitude décisionnelle, disposer d'une charge de travail équilibrée, garder le sens de leur profession et percevoir un équilibre entre leurs efforts et leurs récompenses. Les gestionnaires croient de plus en plus qu'il y une relation entre les conditions du travail et l'efficacité de la pratique infirmière. Des études effectuées auprès des *magnet hospitals* au cours des 20 dernières années indiquent qu'un milieu de travail intéressant et satisfaisant pour le personnel infirmier se répercute positivement sur les soins infirmiers et sur la clientèle (Blythe *et al.*, 2002). Aussi, cette dernière section sera consacrée aux principaux facteurs contribuant à la satisfaction des infirmières, à leur qualité de vie et à leur bien-être et, par le fait même, à la qualité des soins et des services aux patients.

En 1992, Irvine et Evans ont procédé à une méta-analyse de 70 études en vue de trouver les facteurs contribuant à l'amélioration de la satisfaction professionnelle et de la rétention des infirmières. Les auteurs ont relevé que ces facteurs sont associés à l'autonomie, au stress, au leadership des infirmières-chefs, à la relation avec les superviseurs, au conflit de rôle, à la rétroaction fournie, aux occasions d'avancement, à la rémunération, à l'âge des infirmières, à l'ancienneté professionnelle et à la surcharge de travail. Un an plus tard, Blegen (1993) a produit une analyse de 48 études menées auprès de 15 000 infirmières, et ces résultats ont aussi indiqué que leur satisfaction professionnelle était surtout liée au niveau de stress, à leur participation au sein de l'organisation, à la communication avec les superviseurs ainsi qu'à leur degré d'autonomie, à la reconnaissance qu'elles recevaient, à l'uniformisation des tâches, à l'équité, à la source de détermination, à l'âge et aux années d'expérience. En 1994, O'Brien-Pallas, Baumann et Villeneuve ont décrit les facteurs contribuant à la satisfaction des infirmières au travail et ont ajouté des concepts qui, très clairement, constitueraient encore aujourd'hui la base de recommandations à présenter :

- « Les infirmières sont généralement plus heureuses lorsque leurs traits de personnalité et leurs compétences correspondent aux besoins de leur travail et à leur domaine de pratique clinique;

- Les infirmières ont besoin de rétroaction, de félicitations et d'occasions d'apprentissage à toutes les étapes de leur carrière;

- Un grand nombre de problèmes de la vie professionnelle des infirmières est éliminé lorsqu'on leur fournit l'équipement et le matériel de base dont elles ont besoin pour accomplir leur travail;

- Les infirmières attribuent une grande valeur aux soins infirmiers directs et déplorent l'omniprésence des tâches non liées aux soins infirmiers;

- Les infirmières accordent une grande valeur aux soins infirmiers directs, mais continuent à éprouver du stress lorsqu'elles doivent traiter des patients mourants et être confrontées à la mort ainsi que satisfaire aux besoins émotionnels des patients et de leur famille;

- On a atteint un consensus sur les facteurs qui contribuent le plus à la satisfaction au travail dans toutes les fonctions et tous les milieux : l'autonomie, le niveau de stress, le leadership et la communication avec l'infirmière-chef, le conflit de rôle, la rétroaction et la reconnaissance, les possibilités d'avancement, la rémunération et l'uniformisation des tâches;

- L'excellence de la pratique clinique doit être récompensée de manière officielle si les établissements souhaitent conserver les infirmières d'expérience ou avec plusieurs années d'ancienneté à des fonctions de pratique directe » (O'Brien-Pallas, Baumann et Villeneuve, 1994, cité dans CCCSI, 2002, p. 32).

En intégrant leurs conclusions de recherche, Irvine et Evans (1995) soutiennent également que la formation, l'autonomie et les relations avec les collègues et les supérieurs sont en corrélation avec la satisfaction professionnelle. Les variables liées à la satisfaction ont été fortement corrélées avec l'absence de conflit de rôle, la satisfaction professionnelle, le leadership des infirmières en chef, les relations avec le supérieur, l'autonomie et le niveau de stress. Les opportunités d'avancement, la rétroaction et le salaire ont été modérément corrélés avec la satisfaction professionnelle.

D'après les résultats d'une autre étude menée en 1995 auprès de 300 infirmières autorisées et infirmières auxiliaires autorisées de l'Ontario, les principales préoccupations d'ordre professionnel étaient la sécurité d'emploi, la charge de travail, le manque d'effectifs, la sécurité personnelle et la qualité des soins (Villeneuve *et al.*, 1995). Les auteurs ajoutent que la surcharge croissante de travail et le manque de personnel pour dispenser les soins de base risquaient de créer des relations de travail destructives, d'éroder la satisfaction personnelle et, en fin de compte, de réduire la qualité des soins aux patients.

Pour faire suite à un projet concernant le respect et l'autonomie, six groupes de discussion ont eu lieu à Winnipeg, à Toronto et à Vancouver afin de déterminer les sources de satisfaction des infirmières dans leur travail. La grande majorité des infirmières participant aux réunions ont déclaré qu'elles aiment... en fait, qu'elles adorent leur travail. Toutefois, la plupart d'entre elles ont ajouté qu'elles y ressentent souvent beaucoup d'irritation et de stress. Les infirmières des hôpitaux de Toronto étaient les plus heureuses et satisfaites au travail. Cependant, un grand nombre de participantes de Vancouver, quoique très attachées à leur profession, ont dépeint une image très négative de leur milieu de travail, car, selon elles, on leur *manque de respect*. En revanche, la plupart des infirmières de Winnipeg et de Toronto trouvaient qu'en général on les respecte raisonnablement dans leurs lieux de travail (Devine et Turnbull, 2002).

En se basant sur l'examen de la littérature et de la structure méthodologique de Aiken, Sochalski et Lake (1997), Laschinger *et al.*, (2001) ont présumé que si les infirmières percevaient que leur environnement de travail leur procure un degré élevé d'autonomie, un fort contrôle de l'environnement de pratique et de bonnes relations entre médecins et infirmières, elles auraient des niveaux élevés de confiance dans la gestion et des faibles niveaux d'épuisement professionnel. Ces conditions auraient finalement comme conséquence d'accroître la satisfaction professionnelle et les évaluations positives de soins fournis dans leur environnement de travail. Ces mêmes auteurs soutiennent que lorsque les infirmières peuvent travailler de façon autonome et prendre des décisions discrétionnaires, leur confiance dans la gestion augmente.

Les résultats d'une étude menée par Laschinger *et al.*, (2001) révèlent que :

> La proposition que les dispositifs des environnements de soins tels que l'autonomie, le contrôle de l'environnement de pratique et la collaboration avec les médecins ont un impact sur la confiance des infirmières cliniciennes dans la gestion et influencent finalement la satisfaction professionnelle des infirmières et leur évaluation de la qualité des soins donnés aux patients. Les résultats suggèrent que la confiance dans la gestion et l'épuisement émotif sont des médiateurs importants de la satisfaction professionnelle et des perceptions de la qualité des soins administrés aux patients. Ces résultats accentuent l'importance de créer des environnements qui autorisent des infirmières à accomplir leur travail et à nourrir des sentiments positifs à l'égard de leur travail et de ses effets sur les résultats des patients (Laschinger, Shamian *et al.*, 2001, p. 210; traduction libre).

Selon un rapport présenté au Canadian Nursing Advisory Committee :

Près de 60 % des infirmières insatisfaites affirmaient qu'il n'y avait pas assez d'infirmières pour accomplir le travail; 50 % d'entre elles déclaraient qu'il n'y avait pas assez de services de soutien pour qu'elles puissent consacrer leur temps à prendre soin de leurs patients, et 40 % d'entre elles avaient observé une augmentation du nombre de patients entre 1997 et 1998. Ces données quantitatives donnent l'impression globale d'une détérioration de la qualité des conditions de travail des infir-mières, de milieux de travail instables (baisse du moral, rap-ports tendus), d'une diminution de la qualité des soins aux patients et d'un soutien insuffisant à la formation. Les infir-mières « très insatisfaites » ont deux fois et demie plus ten-dance à observer une détérioration des soins aux patients dans leur hôpital, à affirmer que la reconnaissance, le degré d'au-tonomie, le leadership et le soutien des administrateurs de leur unité et de leur hôpital sont insatisfaisants, et à afficher des taux beaucoup plus élevés de fatigue émotionnelle et physique (Thomson, Dunleavy et Burke, 2002, cité dans CCCSI, 2002, p. 80; traduction libre).

Ces conclusions ne portent toutefois pas sur la question con-nexe des répercussions de l'obligation qu'ont les infirmières autorisées de travailler avec un plus grand nombre de tra-vailleurs non réglementés et de les superviser (comme des pré-posés aux bénéficiaires, des aides du service aux patients). Mais globalement, les résultats de ces études constituent un ensemble impressionnant de preuves voulant que plus on dispose d'infir-mières (enregistrées et auxiliaires) et d'infirmières satisfaites, plus leurs patients seront satisfaits et en meilleure santé. Cette préoccupation est au cœur même du système des soins de santé (Comité consultatif canadien sur les soins infirmiers, 2002).

Enfin, cette revue des travaux menés sur l'organisation des soins et du travail permet d'envisager des pistes d'action au regard de l'optimisation des ressources humaines, des processus et de l'environnement psychosocial du travail des intervenants de la santé afin de favoriser des soins et services novateurs de qualité. Comme nous l'avons mentionné au début de ce docu-ment, cette recension sert de base et de balises à une analyse d'une investigation réseau de différents projets d'organisation du travail réalisés dans les établissements de santé du Québec. Ainsi, un guide des pratiques émergentes sera élaboré par les membres du Centre d'expertise en organisation des soins et du travail de l'AHQ afin d'établir des lignes directrices et de soumettre des recommandations pour promouvoir des pratiques optimales en organisation des soins et du travail.

Bibliographie

ABDELLAH, F.G. et LEVINE, E. (1954). Work-sampling applied to the study of nursing personnel. *Nursing Research, 3*(1): 11-16.

ADAMS, O. et AL-GASSEER, N. (2001). *Strengthening nursing and midwifery: Process and future directions-Summary Document, 1996-2000.* Genève: Organisation mondiale de la santé. Site Internet: *http://www.who.int*

AHLBERG-HULTÉN, G.K., THEORELL, T. et SIGALA, F. (1995). Social support, job strain and musculoskeletal pain among female health care personnel, *Scandinavian Journal of Work, Environment and Health, 21*(6): 435-439.

AIKEN, L.H., CLARKE, S.P., CHEUNG, R.B., SLOANE, D.M. et SILBER, J.H. (2003). Education levels of hospital nurses and surgical patient mortality. *Journal of American Medical Association, 290*(12): 1617-1623.

AIKEN, L.H., CLARKE, S.P., SLOANE, D.M., SOCHALSKI, J. et SILBER, J.H. (2002a). Hospital nurse staffing and patient mortality, nurse burnout, and job dissatisfaction. *Journal of Applied Nursing Research, 288*(16), 1987-1993.

AIKEN, L.H., CLARKE, S.P. et SLOANE, D.M. (2002b). Hospital staffing, organization, and quality of care: cross-national findings. *International Journal for Quality in Health Care, 14*(1): 5-13.

AIKEN, L.H., CLARKE, S.P., SLOANE, D.M., SOCHALSKI, J., BUSSE, R., CLARKE, H., GIOVANNETTI, P., HUNT, J., RAFFERTY, A.M. et SHAMIAN, J. (2001). Nurses'reports on hospital care in five countries. *Health Affairs, 20*(3): 43-53.

AIKEN, L.H., CLARKE, S.P. et SLOANE, D.M. (2000a). Hospital restructuring: does it adversely affect care and outcomes? *Journal of Health and Human Services Administration, 30*(10): 457-465.

AIKEN, L.H. et PATRICIAN, P.A. (2000b). Measuring organizational traits of hospitals : The Revised Nursing Work Index. *Nursing Research, 49* : 146-153.

AIKEN, L.H., SLOANE, D.M. et SOCHALSKI, J. (1998). Hospital organization and outcomes. *Quality in Health Care, 7*(4) : 222-226.

AIKEN, L.H. et SLOANE, D.M. (1997). Effects of organizational innovations in AIDS care on burnout among urban hospital nurses. *Work and Occupation, 24* : 453-477.

AIKEN, L.H., SOCHALSKI, J. et LAKE, E.T. (1997). Studying outcomes of organizational change in health services. *Medical Care, 35* : 11 (Suppl.).

AIKEN, L.H., SLOANE, D.M. et LAKE, E.T. (1994). Lower medicare mortality among a set of hospitals known for good nursing care. *Medical Care, 32*(8) : 771-787.

ALCOCK, D., LAWRENCE, J., GOODMAN, J. et ELLIS, J. (1993). Formative evaluation : implementation of primary nursing. *Canadian Journal of Nursing Research, 25*(3) : 15-28.

ALMOST, J. et LASCHINGER, H. (2002). Workplace empowerment, collaborative work relationships, and job strain in nurse practitioners. *Journal of American Academy of Nurse Practitioners, 14*(9) : 408-420.

AMICK, B. et KASL, S. (2000). Work stress. Dans McDonald J.C., (dir.) *Epidemiology of work-related diseases*, 2e édition, Oxford : Oxford University Press.

Anonyme (2003). Le départ d'infirmières à la retraite anticipée pourrait aggraver la pénurie. *Le Devoir*, 30 juillet, A4.

ARGYRIS, C. (1964). *Integrating the Individual and the Organization*, New York : Wiley.

ARGYRIS, C. (1957). *Personality and Organization*, New York : Harper & Row.

Association des hôpitaux du Québec (2003). *L'organisation du travail en soins infirmiers : manuel du participant*. Document de formation réalisé avec l'appui financier du ministère de la Santé et des Services sociaux du Québec. Document inédit.

BAGGS, J.G. et RYAN, S.A. (1990). ICU nurse-physician collaboration and nursing satisfaction. *Nursing Economics, 8*: 386-392.

BAGULEY, K. (1999). *Workplace empowerment, job strain, and affective organizational commitment in critical care nurses: Testing Kanter's structural theory of organizational behavior.* Unpublished Master's Thesis, University of Western, Ontario.

BAREIL, C. et SAVOIE, A. (1999). Comprendre et mieux gérer les individus en situation de changement organisationnel. *Gestion,* 24(3): 86-94.

BARNEY, J.B. (1991). Firm resources and sustained advantage. *Journal of Management, 17*: 99-129.

BASS, B.M. et AVOLIO, B.J. (1994). *Improving Organizational Effectiveness Through Transformational Leadership.* Thousands Oaks, CA, Sage. 248 p.

BAUMANN, A., BLYTHE, J., KOLOTYLO, C. et UNDERWOOD, J. (2004). *La main-d'œuvre infirmière à l'échelle internationale.* Rapport du projet Construire l'avenir: une stratégie pour les ressources humaines infirmières au Canada. Site Internet: *http://www.buildingthefuture.ca*

BAUMANN, A., O'BRIEN-PALLAS, L., ARMSTRONG-STASSEN, M., BLYTHE, J., BOURBONNAIS, R., CAMERON, S., IRVINE, D., KERR, M., MCGILLIS HALL, L., ZINA, M., BUTT, M. et RYAN, L. (2001). *Engagement et soins: les avantages d'un milieu sain pour le personnel infirmier, leurs patients et le système,* Ottawa: Rapport soumis à la Fondation canadienne de la recherche sur les services de santé. Site Internet: *http://www.fcrss.ca*

BAYAD, M., DELOBEL, B. et RIBAU, N. (2002). Les projets qualité dans les hôpitaux publics en France: les perceptions des acteurs. *Gestion, 27*(3): 100-112.

BEAUVAIS, L. (2004). Les soins intégraux: un mode de prestation de soins infirmiers favorisant la qualité des soins, la satisfaction des infirmières au travail et le développement de leur rôle professionnel au Québec. *INFOQIIP, 18*(1): 1-15.

BÉGIN, C., BERGERON, P., FOREST, P.-G. et LEMIEUX, V. (1999). *Le système de santé québécois: un modèle en transformation.* Montréal: Les Presses de l'Université de Montréal.

BENNIS, W. (1990). *Why Leaders Can't Lead*. San Francisco : Jossey-Bass Publishers. 192 p.

BENNIS, W. (1986). Four traits of leadership. Dans Williamson, J.H., *The Leader vs Manager*. New York : John Wiley et Sons. 79 p.

BENNIS, W. et NANUS, B. (1985). *Leaders : The Strategies for Taking Charge*. New York : Harper and Row Publishers. 235 p.

BLEGEN, M. (1993). Nurse's job satisfaction : A meta-analysis of related variables. *Nursing Research*, 42 : 36-41.

BLYTHE, J., BAUMANN, A., O'BRIEN-PALLAS, L. et BUTT, M. (2002). La qualité de vie au travail et la valeur du travail infirmier. Dans Viens, C., Lavoie-Tremblay, M. et Mayrand Leclerc, M. *Optimisez votre environnement de travail en soins infirmiers*. Québec : Presses Inter Universitaires : 23-36.

BLYTHE, J., BAUMANN, A. et GIOVANNETTI, P. (2001). Restructuring in three Ontario hospitals. *Journal of Nursing Scholarship, 33*(1) : 61-68.

BOND, F. et BUNCE, D. (2001). Job control mediates change in a work reorganization intervention for stress reduction. *Journal of Occupational Health Psychology, 6*(4) : 290-302.

BONGERS, P.M., DEWINTER, C.R., KOMPIER, M.A.J. et HILDEBRANDT, V.H. (1993). Psychosocial factors at work and musculoskeletal disease. *Scandinavian Journal of Work Environment and Health, 19*(5) : 297-312.

BOURBONNAIS, R., LOWER, A., BRISSON, C., VÉZINA, M. et VINET, A. (2003). *Évaluation d'une intervention participative visant la prévention des problèmes de santé mentale chez les infirmières d'un hôpital de la région de Québec*. Rapport présenté au fonds québécois de recherche sur la société et la culture (FQRSC). Bibliothèque nationale du Canada et du Québec.

BOURBONNAIS, R., MALENFANT, R., VIENS, C., VÉZINA, M. et CÔTÉ, N. (2000). *Le travail infirmier sous tension : Une approche compréhensive du travail infirmier en période de transition,* Québec : Département d'ergothérapie Faculté de médecine et Équipe de recherche Impacts sociaux et psychologiques du travail. Université Laval. 53 p.

BOURBONNAIS, R., COMEAU, M., VIENS, C., BRISSON, C., LALIBERTÉ, D., MALENFANT, R., VÉZINA, M. (1999a). La vie professionnelle et la santé des infirmières depuis la transformation du réseau de la santé. *Santé mentale au Québec, 24*(1) : 136-154.

BOURBONNAIS, R., COMEAU, M. et VÉZINA, M. (1999b). Job strain and evolution of mental health among nurses. *Journal of Occupational Health Psychology, 4*(2) : 95-107.

BOURBONNAIS, R., MALENFANT, R., VIENS, C., VÉZINA, M., BRISSON, C., LALIBERTÉ, D. et SARMIENTO, J. (1998). *Les impacts positifs et négatifs de la transformation du réseau de la santé sur la vie professionnelle, la vie familiale et la santé des infirmières et des infirmiers de l'agglomération de Québec.* Rapport de recherche de l'Équipe RIPOST déposé au FCRSS. 27 p.

BOURBONNAIS, R., COMEAU, M., DION, G. et VÉZINA, M. (1997). *Impact de l'environnement psychosocial de travail sur la santé mentale des infirmières en centre hospitalier au Québec.* Rapport de recherche de l'Équipe RIPOST : recherche Impacts sociaux et psychologiques du travail. Québec, Université Laval. 98 p.

BOSMA, H., PETER, R., SIEGRIST, J. et MARMOT, M. (1998). Two alternative job stress models and the risk of coronary heart disease. *American Journal of Public Health, 88*(1) : 68-74.

BOSTROM, J. et ZIMMERMAN, J. (1993). Restructuring nursing for a competitive health care environment. *Nursing Economics, 11*(1) : 35-54.

BRILLHARD, B. et SILLS, F.B. (1994). Analysis of the roles and responsabilities of rehabilitation nursing staff. *Rehabilitation Nursing. 19*(3) : 145-150.

BRUN, J.P. (2003a). *Évaluation de la santé mentale au Québec : Une analyse des pratiques de gestion des ressources humaines.* Montréal : IRSST. 99 p.

BRUN, J.P. (2003b). *L'ampleur du problème : l'expression du stress au travail.* Fascicule 1 : la santé psychologique au travail, Université Laval, 23 p.

BRUN, J.P. et DUGAS, N. (2002). *La reconnaissance au travail : une pratique riche de sens.* Document de sensibilisation, Secrétariat du Conseil du Trésor. Site Internet : *http://www.tresor.gouv.qc.ca/ ressources/centre.htm*

BRYCE, E.A., FORD, J., CHASE, L., TAYLOR, C. et SCHARF, S. (1999). Sharps injuries: Defining prevention priorities. *American Journal of Infection Control, 27*(5): 447-452.

Bureau de la politique des soins infirmiers – BPSI (2004). Mise à jour du BPSI. Santé Canada. Janvier. Site Internet: *http://www. hc-sc.gc.ca/onp-bpsi/francais/index_f.html*

BURKE, T.A., MCKEE, J.R., WILSON, H.C., BATENHORST, A.S. et PATHAK, D.S. (2000). A comparison of time-and-motion and self-reporting methods of work measurement. *Journal of Nursing Administration, 30*(3): 118-125.

BURKE, R.J. (1993). Organizational-Level interventions to reduce occupational stressors. *Work and Stress, 7*: 77-87.

BURNS, J.M. (1978). *Leadership.* New York: Harper et Row.

Canadian Centre for Occupational Health and Safety (1999). Violence in the workplace. Site Internet: *http://www.ccohs.ca/ oshanswers/psychosocial/violence.html*

Canadian Centre for Occupational Health and Safety (1998). Needlestick injuries. Site Internet: *http://www.ccohs.ca/oshans-wers/diseases/needlestick_injuries.html*

CARDONA, P., TAPPEN, R., TERRILL, M., ACOSTA, M. et EUSEBE, M. (1997). Nursing staff time allocation in long term care: A work sampling study. *Journal of Nursing Administration, 2*: 28-36.

CESLOWITZ, S.B. (1989). Burn-out and coping strategies among hospital staff nurses. *Journal of Advanced Nursing, 14*: 553-557.

Centre hospitalier universitaire de Québec – CHUQ (2000). La dimension humaine des organisations en santé. *Santé en tête* (été), Document inédit.

CHAMPY, J. (1995). *Le reengineering du management. La meilleure façon de détenir le pouvoir et d'y renoncer.* Paris: Dunod.

CHIOK FOONG LOKE, J. (2001). Leadership behaviours: Effects on job satisfaction, productivity and organizational commitment. *Journal of Nursing Management, 9*: 191-204.

CLARKE, S. et AIKEN, L.H. (2003). Failure to rescue. *Administration Journal of Nursing, 103*(1): 42-47.

CLARKE, H.F., LASCHINGER, H.S., GIOVANNETTI, P., SHAMIAN, J., THOMSON, D. et TOURANGEAU, A. (2001). Nursing shortages : Workplace environments are essential to the solution. *Hospital Quarterly*, 4(4) : 50-57.

COHEN, L., LEDFORD, G. et SPREITZER, G. (1996). A predictive model of self-managing work team effectiveness. *Human Relations*, 49(5) : 644-674.

Comité consultatif canadien sur les soins infirmiers (2002). *Notre santé, notre avenir : un milieu de travail de qualité pour les infirmières canadiennes.* Ottawa : Comité consultatif des ressources humaines en santé. 102 p. Site Internet : *http://www.hc-sc. gc.ca/francais/pdf/Un_milieu_de_travail_de_qualite.pdf*

Conseil international des infirmières (2003). Bulletin du semestre : 1, janvier-mars. Site Internet : *http://www.icn.ch*

Conseil international des infirmières (2000). Forum d'accréditation du Conseil international des infirmières : Vue d'ensemble (mis à jour et révisé). Genève : Organisation mondiale de la santé. Site Internet : *http://www.icn.ch*

Comité jeunesse de l'OIIQ (2004). Un manque de place à prévoir dans les universités en sciences infirmières. *Le journal de l'Ordre des infirmières et infirmiers du Québec*, 1(5) : 5.

COOPER, C.L. et CARTWRIGHT, S. (1997). An intervention strategy for workplace stress. *Journal of Psychosomatic Research*, 43(1) : 7-16.

CORNET, A. (1999). Dix ans de réingénierie des processus d'affaires : qu'avons-nous appris ? *Gestion*, 24(3) : 66-75.

COUDRAY, M.-A. *et al.* (2001). La formation, un plaisir au travail. *Soins, cahier 2 spécial Formation* : 66-68.

CROPP A., WOODS, L., RANEY, D. et BREDLE, D. (1994). Name that tone : The proliferation of alarms in the intensive care unit. *Chest*, 105 : 1217-1220.

CUESTA, C.W. et BLOOM, K.C. (1998). Mentoring and job satisfaction : Perceptions of certified nurse-midwives. *Journal of Nurse-midwifery*, 43(2) : 111-116.

CUTSHALL, P. (2000). *Comprendre la réglementation professionnelle transfrontalière : ce que doivent savoir les infirmières et autres professionnels.* Genève : Conseil international des infirmières.

DANIELLOU, F. (2003). De la rotation sur les postes à la santé au travail. *Pistes*, 5(2) : 1-7.

DEGERHAMMAR, M. et WADE, B. (1991). The introduction of a new system of care delivery into a surgical ward in Sweden. *International Journal of Nursing Studies*, 28(4), 325-336.

DESROSIERS, G. (2003). L'accessibilité à une formation de qualité : une priorité. *L'infirmière du Québec*, 10(5) : 6-8.

DESROSIERS, G. (2002). Les pénuries : L'urgence de réinvestir dans les soins infirmiers. *L'infirmière du Québec*, 10(2) : 6-7.

DEVINE, G. et TURNBULL, L. (2002). *Nurses' Definitions of Respect and Autonomy in the Workplace : Summary of Focus Groups with Canadian Nurses*. Report commissioned for the Canadian Nursing Advisory Committee. Ottawa, ON.

DILLON, A. et FLOOD, P. (1992). Organizational commitment : Do human resource management practices make a difference. *Irish Business and Administration Research*, 13 : 48-60.

DIXON, D.L. (1998). The balanced CEO : A transformational leader and a capable managers. *Healthcare Forum Journal*, 43(2) : 26-29.

DOHERTY, N. et HORSTED, J. (1996). Re-engineering people : The forgotten survivors. *Business Change et Reengineering*, 3(1) : 39-46.

DUFFIELD, C. et O'BRIEN-PALLAS, L. (2002). The nursing workforce in Canada and Australia : Two sides of the same coin. *Australian Health Review*, 25(2) : 136-144.

DUNCAN, S.M., HYNDMAN, K., ESTABROOKS, C.A., HESKETH, K., HUMPHREY, C.K., WONG, J.S., ACORN, S. et GIOVANNETTI, P. (2001). Nurses' experience of violence in Alberta and British Columbia hospitals. *Canadian Journal of Nursing Research*, 32(4) : 57-78.

DUQUETTE, A. et DELMAS, P. (2001). Le travail menace-t-il la santé mentale des infirmières (première partie). *Soins Cadres*, 38 : 68-71.

DUQUETTE, A., KÉROUAC, S., SANDHU, B.K. et SAULNIER, P. (1993). *Étude longitudinale de déterminants psychosociaux de la santé au travail de l'infirmière en gériatrie*. Rapport de recherche présenté au Conseil québécois de la recherche sociale. Université de Montréal, Montréal : Faculté des sciences infirmières. 114 p.

DURAND, P.J., OUELLET, J.P., BEAUCHÊNE, L., ROBICHAUD, L., BOURBONNAIS, R. et VERREAULT, R. (1999). *Déterminants de l'épuisement émotionnel chez le personnel soignant de 28 centres d'hébergement et de soins de longue durée de la région métropolitaine de Québec.* Centre Saint-Augustin (Québec) : Unité de recherche en gériatrie de l'Université Laval.

ENGKVIST, L., HAGBERG, M., HJELM, E.W., MENCKEL, E. et EKENVALL, L. (1998). The accident process preceding overexertion back injuries in nursing personnel. *Scandinavian Journal of Work, Environment and Health, 24*(5) : 367-375.

EKMAN S.L., NORBERG, A., VIITANEN, M. et WINBLAD, B. (1991). Care of demented patients with severe communication problems. *Scandinavian Journal of Caring Science, 5* : 163-170.

ESTRYN-BEHAR, M. (1990). Stress at work and mental health status among female hospital worker. *British Journal of Industrial Medicine, 47* : 20-28.

FABI, B., MARTIN, Y. et VALOIS, P. (1999). Favoriser l'engagement organisationnel des personnes œuvrant dans des organisations en transformation. Quelques pistes de gestion prometteuses. *Gestion, 24*(3) : 102-113.

FABI, B. et JACOB, R. (1994). Se réorganiser pour mieux performer. *Gestion, 19*(3) : 48-58.

Fédération des infirmières et infirmiers du Québec – FIIQ (1995). *Rapport de recherche sur la violence faite aux infirmières en milieu de travail,* novembre. Fédération des infirmières et des infirmiers du Québec.

FIORITO, J., BOZEMAN, D. et YOUNG, A. (1997). *Organizational Commitment : Human Resource Policies and Organizational Characteristics.* Floride : College of Business. 45 p.

FLETCHER, M. (2002). Si la tendance se maintient... *Infirmière Canadienne, 3*(8) : 6-9.

GABRIEL, B.A. (2001). Wanted : A few good nurses addressing the nation's nursing shortage. *Reporter 6.* Retrieved 9 October 2001. Site Internet : *http://www.aamc.org/newsroom/reporter/march01/nursing.htm*

GANSTER, D. (1995). Interventions for bulding healthy organizations: Suggestions from the stress research literature. Dans Murphy, L.R., Hurrell, J.J., Sauter, S.L. et Keita, G.P. *Job Stress Interventions*. Washington: American Psychological Association. 439 p. Chapter 21.

GARDNER, K. (1991). A summary of findings of a five-year comparison study of primary team and team nursing. *Nursing Research, 40*(2): 113-117.

GÉLINAS, R. (1997). *Vous avez dit juste-à-temps*. Montréal: Chenelière et McGraw-Hill. 158 p.

GLASER, S.R. (1994). Teamwork and communication: A three-year case study of change. *Management Communication Quarterly, 7*(3): 282-296.

GLISSON, C. et DURICK, M. (1988). Predictors of job satisfaction and organizational commitment in human service organizations. *Administrative Quarterly, 33*(1): 61-81.

GLOUBERMAN, S. (2002). *Structures, Power and Respect: The Nurse's Dilemma*. Report commissioned for the Canadian Nursing Advisory Committee. Ottawa: Canadian Nursing Advisory Committee.

GUÉRIN, G. et THIERRY, W. (1997). Repenser les rôles des professionnels en ressources humaines. *Gestion, 22*(2): 43-51.

HAFSI, T. (1999). La capacité de changement stratégique: Vers un nouveau paradigme. *Gestion, 24*(3): 140-146.

HAFSI, T. et FABI, B. (1997). *Les fondements du changement stratégique*. Montréal: Les éditions Transcontinental.

HAMMER, M. (1996). *Beyond Reengineering. How the Process-Centered Organization Is Changing*. New York. Harper Business. 304 p.

HAMMER, M. et CHAMPY, J. (1993). *Le Reengineering: Réinventer l'entreprise pour une amélioration spectaculaire de ses performances*. Paris, Dunod, 247 p.

HAMMER, M. (1990). Reengineering work: Don't automate, obliterate. *Harvard Business Review, 68*(4): 104-112.

HARPER, L. (1986). All mixed up. *Nursing Times, 26*: 28-31.

HASSELHORN, H.-M., TACKENBERG, P., MÜLLER B.-H. et l'équipe de recherche NEXT. (2003). *Working conditions and intent to leave the profession among nursing staff in Europe*, Rapport Saltsa nº 2003-7, 258 p.

HENDRICKSON, G., DODDATO, T. et KOVNER, N. (1990). How do nurses use their time? *Journal of Nursing Administration*, 20(3): 31-37.

HENEMAN, H. et SCHWAB, D. (1985). Pay satisfaction: Its multidimensional nature and measurement. *International Journal of Psychology*, 20: 129-141.

HERZBERG, F., MAUSNER, R.D., PETERSON, O. et CAPWELL, D.F. (1957). *Job attitudes: Review of research and opinion*. Pittsburgh: Psychological.

IGALENS, J. et BARRAUD, V. (1997). Grappes de pratiques de ressources humaines et mobilisation. Dans Tremblay, M. et Sire, B. (dir.) *GRH face à la crise, GRH en crise?* Montréal: Presses HEC: 227-242.

Institut canadien d'information sur la santé (2001). Les dispensateurs de soins au Canada. Site Internet: *http://secure.cihi.ca/cihi-web/hcic/fr/hcic.html*

IRVINE, D. et EVANS, M. (1995). Job satisfaction and turnover among nurses: integrating research finding across studies. *Nursing Research*, juillet-août, 44(4): 245-253.

IRVINE, D. et EVANS, M. (1992). *Job Satisfaction and Turnover Among Nurses: A Review and Meta-Analysis*. Toronto: University of Toronto Faculty of Nursing Monograph Series.

IVANCEVICH, J.M., MATTESON, M.T., FREEDMAN, S.M. et PHILLIPS, J.S. (1990). Worksite stress management interventions. *American Psychologist*, 45(2): 252-261.

JANISZEWSKI GOODIN, H. (2003). The nursing shortage in the United States of America: An integrative review of the literature (suite). *Journal of Advanced Nursing*, 43(4): 335-350.

JAUVIN, N. (1999). *Violence au sein des organisations de travail: de la compréhension du phénomène vers la formulation de pistes d'intervention*. Québec: CLSC-CHSLD Haute-Ville-des-Rivières.

JOHNSON, J.V. et HALL, E.M. (1989). Combined effects of job strain and social isolation on cardiovascular disease morbidity and mortality in a random sample of the Swedish male working population. *Scandinavian Journal of Work and Environmental Health, 15*: 271-279.

KANE, M. (2000). *Étude sur la violence en milieu de travail au CLSC-CHSLD Pointe-aux-Trembles/Montréal-Est.* Direction de la santé publique de Montréal-Centre, 4e trimestre. 91 p.

KANTER, R. (1993). *Men and Women of the Corporation.* New York: Basic Books.

KANTER, R. (1977). *Men and Women of the Corporation.* New York: Basic Books.

KARASEK, R. (1992). Stress prevention through work reorganization: A summary of 19 international case studies. *Conditions of Work Digest: Preventing Stress at Work, 11*: 23-41.

KARASEK, R. et THEORELL, T. (1990). *Healthy Work: Stress, Productivity, and the Reconstruction of Working Life.* New York: Basic Books.

KARASEK, R. (1979). Job demands, job decision latitude, and mental strain: Implications for job redesign. *Administration Science Quarterly, 24*: 285-308.

KAYE, M. (1997). *Teaming with Success.* Sydney: Prentice-Hall.

KINGMA, M. (2001). *International Nursing Review* (ICN), article rédigé à titre de directeur scientifique invité, *48*: 129-130.

KLIMOSKI, R.J. et HAYES, N.J. (1980). Leader behavior and subordinate motivation. *Personnel Psychology.* 33(3): 543-555.

KOBASA, C.S. et MADDI, R.S. (1977). Existential personality theory. Dans Corsini, R. *Current Personality Theory*, Illinois: Ithaca. 244-275 p.

KOEHOORN, M., KENNEDY, M., DEMERS, P., HERTZMAN, C. et VILLAGE, J. (1998). *Risk Factors for Musculoskeletal Disorders Among Health Care Workers.* Richmond: Departement of Health Care and Epidemiology, University of Britsh Columbia.

KOMPIER, M. et COOPER, C. (1999). *Preventing stress, improving productivity: European case studies in the workplace.* New York: Routledge.

KOMPIER, M. et KRISTENSEN, T. (1999). Organizational work stress interventions in a theoretical, methodological and practical context. Dans Dunham, J. *Stress in the Workplace: Past, Present and Future.* England: Whurr Publishers. 164-190 p.

KOMPIER, M. et MARCELLISSEN, F. (1990). *Handbook Workstress: A systematic Approach for Organizational Practice.* Armstermdam: NIA.

KOUZES, J. et POSNER, B. (1990). *Leadership Practices Inventory (LPI): A self-assessment and analysis.* San Diego, CA: Pfeiffer & Co.

KOUZES, J. et HAYES, N.J. (1980). *The leadership challenge.* San Francisco: Jossey-Bass.

KOVNER, C. et GERGAN, P.J. (1998). Nurse staffing levels and adverse events following surgery in US hospitals. *Journal of Nursing Scholarship, 30*(4): 315-321.

KRAMER, M. et SCHMALENBERG, C.E. (2003). Magnet hospital staff nurses describe clinical autonomy. *Nursing Outlook, 51*(1): 13-19.

KRISTENSEN, T. (1999). Challenges for research and prevention in relation to work and cardiovascular diseases. *Scandinavia Journal of Work Environment Health, 25*(6): 550-557.

KRISTENSEN, T. (1996). Job stress and cardiovascular disease: A theoric critical review. *Journal of Occupational Health Psychology, 1*(3): 246-260.

LANDSBERGIS, P.A., CAHILL, J. et SCHNALL, P. (1999). The impact of lean production and related new systems of work organisation on worker health. *Journal of Occupational Health Psychology, 4*(2): 1-23.

LANDSBERGIS, P.A. et VIVONA-VAUGHAN, E. (1995). Evaluation of an occupational stress intervention in a public agency. *Journal of Organizational Behavior, 16*: 29-48.

LAPLANTE, L. (2002). La crise du système de santé: mythe ou réalité? *L'infirmière du Québec, 9*(6): 42-43.

LASCHINGER, H., SHAMIAN, J. et THOMSON, D. (2001). Impact of magnet hospital characteristics on nurses' perceptions of trust, burnout, quality of care, and work satisfaction. *Nursing Economics, 19*(5): 209-219.

LASCHINGER, H., FINEGAN, J., SHAMIAN, J. et WILK, P. (2000). *Testing a model of organizational empowerment in restructured health care settings.* London : Working paper. The University of Western Ontario.

LASCHINGER, H. et SABISTON, J. (2000). Staff nurse empowerment and workplace behaviours. *The Canadian Nurses, 96*(2) : 18-20.

LASCHINGER, H., FINEGAN, J. et SHAMIAN, J. (1999). *Impact of workplace empowerment on staff nurse organizational trust, job tension, and organizational commitment and work satisfaction : Testing Kanter's theory of organizational empowerment.* Paper presented at the Midwest Nursing Research Society 23rd Annual Research Conference, Indianapolis.

LAVOIE-TREMBLAY, M., BOURBONNAIS, R., VIENS, C., VÉZINA, M., DURAND, P.J. et ROCHETTE, L. (2005). Improving the psychosocial work environment. *Journal of Advanced Nursing, 49*(6) : 655-664.

LAVOIE-TREMBLAY, M. et VIENS, C. (2004). What will it take to keep our nurses ? *Nurse Canadian, 100*(6) : 8-9.

LAVOIE-TREMBLAY, M. et VIENS, C. (2003). Les défis d'une démarche participative de réorganisation du travail : les conditions gagnantes. *Infirmière Canadienne, 4*(2) : 4-10.

LAWLER, E.E. (1992). *The Ultimate Advantage.* San Francisco : Jossey-Bass.

LAWLER, E.E. (1986). *High-Involvement Management : Participative Strategies for Improving Organizational Performance.* San Francisco : Jossey-Bass.

LAZARUS, R.S. et FOLKMAN, S. (1984). *Stress Appraisal and Coping.* New York : Springer.

LEDUC, G. (2002). 250 millions pour soigner les soignants. *Le Soleil,* lundi le 18 novembre.

LÉVESQUE-BOUDREAU, D. (2002). Tirer parti du contexte actuel en nous centrant sur l'essentiel. Dans Viens, C., Lavoie-Tremblay, M. et Mayrand Leclerc, M. *Optimisez votre environnement de travail en soins infirmiers.* Québec : Édition Presses Inter Universitaires. 207-220 p.

LEVI, L. (1995). *Work, stress and health overview and future directions : An international perspective.* Occupational and health administration conference on work, stress and health, Washington: American Psychological Association.

LIKERT, R. (1967). *The human organization: its management and value.* New York: McGraw-Hill.

LIKERT, R. (1961). *New Patterns of management.* New York: McGraw-Hill.

LORINO, P. (1995). Le déploiement de la valeur par les processus. *Revue française de gestion, 104*: 55-71.

LOURIJSEN, E., HOUTMAN, I., KOMPIER, M. et GRUNDEMANN, R. (1999). The Netherlands: A hospital, healthy working for health. Dans Kompier, M., Cooper, C. *Preventing Stress, Improving Productivity: European Case Studies in the Workplace.* New York: Routledge, 86-120 p.

LOWE, G. (2003a). Building healthy organizations takes more than simply putting in a wellness program. *Canadian HR Report.*

LOWE, G. (2003b). *Creating healthy workplaces for all health care workers.* Edmonton: Industrial Relations conference.

LOWE, G. et SCHELLENBERG, G. (2001). What's a Good Job? The Importance of Employment Relationships. *CPRN Study, 5.*

LUNDGREN, S. et SEGESTEN, K. (2001). Nurses' use of time in a medical-surgical ward with all-RN staffing. *Journal of Nursing Management, 9*(1): 13-20.

MÄKINEN, A., KIVIMÄKI, M., ELOVAINIO, M., VIRTANEN, M. et BOND, S. (2003). Organization of nursing care as a determinant of job satisfaction among hospital nurses. *Journal of Nursing Management, 11*(5): 299-306.

MANTHEY, M. (1998). A visible community of primary nursing. *Creative Nursing, 2,* 5-7.

MANTHEY, M. (1980). A theoretical framework for primary nursing. *Journal of Nursing Administration, 10*(6): 11-15.

MANTHEY, M. (1970). Primary Nursing. *Nursing Forum, 9*(1): 65-83.

MATHIEU, L. et MAYRAND LECLERC, M. (2002). Gestionnaires mobilisateurs demandés. Dans Viens, C., Lavoie-Tremblay, M. et Mayrand Leclerc, M. *Optimisez votre environnement de travail en soins infirmiers.* Québec: Presses Inter Universitaires. 127-143 p.

MAYRAND LECLERC, M. (2002). Les caractéristiques organisationnelles des *Magnet Hospitals* : Pistes de solutions pour réorganiser
le travail des infirmières. Dans Viens, C., Lavoie-Tremblay, M. et
Mayrand Leclerc, M. *Optimisez votre environnement de travail en
soins infirmiers.* Québec : Presses Inter Universitaires. 67-90 p.

MCANENEY, C.M. et SHAW, K.N. (1994). Violence in the pediatric
emergency department. *Annals of Emergency Medicine, 23*(6) :
1248-1251.

MCCLURE, M. et HINSHAW, A.S. (2002). *Magnet Hospital revisited :
Attraction and Retention of Professional Nurses.* Washington,
D.C. : American Nurses Publishing.

MCCLURE, M., POULIN, M., SOVIE, M. et WANDELT, M. (1983). *Magnet Hospitals : Attraction Retention of Professional Nurses.*
Kansas City : American Academy of Nursing.

MCDANIEL, C. et STUMPF, L. (1993). The organizational culture
implications for nursing service. *Journal of Nursing Administration, 23*(4) : 54-60.

MCGREGOR, D. (1960). *The Human Side of Enterprise.* New York;
Toronto : McGraw-Hill. 246 p.

MCNEESE-SMITH, D. (1996). Increasing employee productivity, job
satisfaction, and organizational commitment. *Hospital and
Health Services Administration, 41*(2) : 160-176.

MCGILLIS HALL, L., IRVINE, D.D., BAKER, G., PINK, G., SIDONI, S.,
O'BRIEN-PALLAS, L. et DONNER, G. (2001). *Impact des modèles de
composition du personnel infirmier et des stratégies de changement
structurel sur les résultats des patients et le rendement du système et
du personnel infirmier.* Rapport soumis à la FCRSS. Site Internet : *http://www. chsrf.ca/final_research/ogc/pdf/mcgillis_f.pdf*

MCQUAIDE, J. (1995). *Satisfaction with the Decision Making Process
Impact on Work Satisfaction and Tenure of Hospital Nurses.*
Philadelphia : Temple University. 81 p.

Ministère de la Santé et des Services sociaux (2001). *Rapport du
Forum National sur la planification de la main-d'œuvre infirmière.*
Québec, Direction des communications du Ministère de la
Santé et des Services sociaux, Gouvernement du Québec.

Ministère de la Santé et des Services sociaux (1996). *La santé et les services sociaux. Enjeux et orientations stratégiques d'un système en transformation.* Québec : Gouvernement du Québec.

MINYARD, K., WALL, J. ET TURNER, R. (1986). RNs may cost less than you think. *Journal of Nursing Administration, 16* : 28-34.

MISHRA, J. et MORRISEY, M. (1990). Trust in employee/employer relationships : A survey of West Michigan managers. *Public Personnel Management, 19*(4) : 443-463.

MURPHY, L. (1988). Workplace interventions for stress reduction and prevention. Dans Cooper, C. L. et Payne, R., *Causes, Coping and Consequences of Stress at Work.* Chichester : John Wiley & Sons, 301-339 p.

NEEDLEMAN, J., BUERHAUS, P., MATTKE, S., STEWART, M. et ZELEVINSKY, K. (2002). Nurse-staffing levels and the quality of care in hospitals. *The New England Journal of Medicine, 346*(22) : 1715-1722.

NIEDHAMMER, L. et SIEGRIST, J. (1998). Facteurs psychosociaux au travail et maladies cardio-vasculaires : l'apport du modèle du déséquilibre efforts/Récompenses. *Revue d'épidémiologie et de santé publique, 46*(5) : 398-410.

NYTRO, K., SAKSVIK, P.O., MIKKELSEN, A., BOHLE, P. et QUINLAN, M. (2000). An appraisal of key factors in the implementation of occupational stress interventions. *Work and Stress, 14*(3), 213-225.

O'BRIEN-PALLAS, L., ALKSNIS, C. et WANG, S. (2003). *Bringing the Future into Focus, Projecting RN Retirement in Canada.* Ottawa : Canadian Institute for Health Information.

O'BRIEN-PALLAS, L., THOMSON, D., ALKSNIS, C. et BRUCE, S. (2001). The economic impact of nurse staffing decisions : Time to turn down another road. *Hospital Quarterly* (Spring) : 42-50.

O'BRIEN-PALLAS, L., BAUMANN, A. et VILLENEUVE, M. (1994). The quality of nursing worklife. Dans Hibberd, J. et Kyle, M. E., *Nursing Management in Canada.* Toronto : W.B. Saunders, 391-409 p.

Occupational Safety and Health Administration (1998). Guidelines for preventing workplace violence for health care and social service workers. Site Internet : *www.osha-slc.gov/SLTC/ workplaceviolence/guideline.html*

Ordre des infirmières et infirmiers de l'Ontario (2003a). Améliorer vos aptitudes à communiquer. *Communiqué : Ordre des infirmiers et des infirmières de l'Ontario, 28*(2) : 6-8. Site Internet : *http://www.cno.org/*

Ordre des infirmières et infirmiers de l'Ontario (2003b). Qu'est-ce que le leadership. *Communiqué : Ordre des infirmiers et des infirmières de l'Ontario, 28*(4) : 6-8. Site Internet : *http://www.cno.org/*

PARKES, K.R. et SPARKES, T.J. (1998). *Organizational Interventions to Reduce Work Stress : Are They Effective ? A Review of The Literature.* England : University of Oxford.

PETER, R. et SIEGRIST, J. (1997). Chronic work stress, sickness absence, and hypertension in middle managers : General or specific sociological explanations ? *Social Science and Medicine, 45*(7) : 1111-1120.

PLANTE, J. et DESGAGNÉ, S. (2003). *Le juste-à-temps pour un fabricant aux grandes chaînes.* Québec : Ministère du Développement économique et régional. 24 p.

POLANYI, M.F., EAKIN, J., FRANK, J.W., SHANNON, H.S. et SULLIVAN, T. (1998). Creating Healthier Work Environments : A Critical Review of The Health Impacts of Workplace Change. *Determinants of Health-settings and Issues.* Ottawa(On) Éditions MultiMondes, 3 : 87-146.

PRESCOTT, P. (1993). Nursing : An important component of hospital survival under a reformed health care system. *Nursing Economics, 11* : 192-199.

PRONOST, A.M. et TAP, P. (1996). Stress, coping et épuisement professionnel (burn-out) chez les infirmières chargées de personnes en fin de vie. *Médecine et Travail, 167*(1) : 43-68.

RAY, C., LINDOP, J. et GIBSON, S. (1982). The concept of coping. *Psychological Medicine, 12* : 385-395.

REID, N., ROBINSON, G. et TODD, C. (1993). The quantity of nursing care on wards working 8- and 12-hour shifts. *International Journal of Nursing Studies, 30* : 403-413.

REYNOLDS, S. (1997). Psychological well-being at work : Is prevention better than cure ? *Journal of Psychosomatic Research, 43* : 93-102.

REYNOLDS, S. et BRINER, R.B. (1994). Stress management at work : With whom, for whom and to what ends ? *British Journal of Guidance and Counselling, 22* : 75-89.

ROBERTSON, M., WOURNELL, N., WHITE, A. ET WHELLY, S. (2003). *Empowerment.* Présentation *(powerpoint)* inédite.

RODWELL, J., KIENZLE, R. et SHADUR, M. (1998). The relationship away work related perceptions, employee attitudes, and employee performance : The integral role of communication. *Human Resource Management, 37* : 277-293.

RONDEAU, A. (1999). Transformer l'organisation : vers un modèle de mise en œuvre. *Gestion, 24*(3) : 148-157.

RONDEAU, A. et LALIBERTÉ, S. (1999). *Comprendre la transformation d'établissement du réseau de la santé et des services sociaux de Montréal-Centre.* Rapport présenté à la RRSSS de Montréal-Centre 99-15, Montréal, 69 p.

RONDEAU, A. (1993). *La motivation au travail : Où en sommes-nous.* École des Hautes Études commerciales de Montréal. 27 p.

RUBIN, H.J. et RUBIN, I.S. (1995). *Qualitative Interviewing. The Art of Hearing Data.* Newbury Park : Sage.

SAKSVIK, P.O., NYTRO, K., DAHL-JORGENSEN, C. et MIKKELSENS, A. (2002). A process evaluation of individual and organizational occupational stress and health interventions. *Work and Stress, 16*(1) : 37-57.

SCHERUBEL, J.C. et MINNICK, A.F. (1994). Implementation of work sampling methodology. *Nursing Research, 43*(2) : 120-123.

SCHUSTER, G.F. et CLOONAN, P. (1989). Nursing activities and reimbursement in clinical care management. *Home Healthcare Nurse, 7*(5) : 10-15.

SHAMIAN, J., SKELTON-GREEN, J. et VILLENEUVE, M. (2002). La politique est le moteur du changement. Dans Viens, C., Lavoie-Tremblay, M. et Mayrand Leclerc, M., *Optimisez votre environnement de travail en soins infirmiers.* Québec : Presses Inter Universitaires. 179-206 p.

SHAMIAN, J., O'BRIEN-PALLAS, L., KERR, M., KOEHOORN, M.W., THOMSON, D. et ALKSNIS, C. (2001). *Effects of Job Strain, Hospital Organizational Factors and Individual Characteristics on Work-Related Disability Among Nurses.* Final report Submitted to the Ontario Workers' Safety Insurance Board, octobre.

SHANNON, H.S., ROBSON, L.S. et SALE, J.E.M. (2001). Creating safer and healthier workplaces : Role of organizational factors and job characteristics. *American Journal of Industrial Medicine, 40 :* 319-334.

SHINDUL-ROTHSCHILD, J., BERRY, D. et LONG-MIDDLETON, E. (1996). Where have all the nurses gone ? Final results of our patient care survey. *American Journal of Nursing, 96*(11) : 24-39.

SIEGRIST, J., PETER, R., CREMER, P. et SEIDEL, D. (1997). Chronic work stress is associated with atherogenic lipids and elevated fibrirogen in middle-aged men. *Journal of Internalional Medicine, 242 :* 149-156.

SIEGRIST, J. (1996). Adverse health effects of high-effort/low-reward conditions. *Journal of Occupational Health Psychology, 1*(1) : 27-41.

SIEGRIST, J. et PETER, R. (1994). Job stressors and coping characteristics in work-related disease : Issues of validity. *Work et Stress, 8*(2) : 130-140.

SMITH, C.A. (1995). *Human Resource Practices and Policies as Antecedents of Organizational Commitment,* Thèse de doctorat. Western University. 175 p.

SOFARELLI, M. et BROWN, R. (1998). The need for nursing leadership in uncertain times. *Journal of Nursing Management, 6*(4) : 201-207.

STORDEUR, S., D'HOORE, W. et VANDENBERGHE, C. (2001). Leadership, organizational stress, and emotional exhaustion among hospital nursing staff. *Journal of Advanced Nursing, 35*(4) : 533-542.

STRAUSS, A. et CORBIN, J. (1998). Basics of qualitative research. Techniques and procedures for developing grounded theory. Dans Denzin, N.K. et Lincoln, Y.S. *Strategies of Qualitative Inquiry,* Londres : Sage, 158-183 p.

THOMAS, L.H. (1994). A comparison of the verbal interactions of qualifed nurses and auxiliaries in primary, team and functional nursing wards. *International Journal of Nursing Studies, 31* : 231-244.

THOMAS, L.H. (1992). Qualified nurse and nursing auxiliary perceptions of their work environment in primary, team and functional nursing wards. *Journal of Advanced Nursing, 17* : 373-382.

THOMSON, D.J., DUNLEAVY, J. et BURKE, S. (2002). *Nurse Job Satisfaction : Factors Relating to Nurse Satisfaction in the Workplace.* Ottawa : Rapport commandé par le Comité consultatif canadien sur les soins infirmiers.

THYER, G.L. (2003). Dare to be different : Transformational leadership may hold the key to reducing the nursing shortage. *Journal of Nursing Management, 11*(2) : 73-79.

TOPF, M. (2000). Hospital noise pollution : An environmental stress model to guide research and clinical interventions. *Journal of Advanced Nursing, 31*(3) : 520-528.

TOPF, M. (1988). Noise-induced occupational stress and health in critical care nurses. *Hospital Topics, 66* : 30-34.

TROFINO, J. (1995). Transformational leadership in health care. *Nursing Management, 26*(8) : 42-49.

TREMBLAY, M., GUAY, P. et SIMARD, G. (2000). *L'engagement organisationnel et les comportements discrétionnaires : l'influence des pratiques de gestion des ressources humaines.* Montréal : CIRANO. 24 p.

TREMBLAY, M., RONDEAU, A. et LEMELIN, M. (1998). La mise en œuvre de pratiques innovatrices de gestion des ressources humaines a t-elle une influence sur la mobilisation des cols bleus ? Dans Laflamme, R. (dir.), *Mobilisation et Efficacité au Travail.* Actes du IXe Congrès de l'Association internationale de psychologie de langue française. 97-110 p.

UPENIEKS, V. (2003). The interrelationship of organizational characteristics of magnet hospitals, nursing leadership, and nursing job satisfaction. *The Health Care Manager, 22*(2) : 83.

VAN DER HEK, H. et PLOMP, H.N. (1997). Occupational stress management programs : A practical overview of published effect studies. *Occupational Medicine, 47*(3) : 133-141.

Van der Klink, J.J., Blonk, R.W., Schene, A.H. et Van Dijk, F.J. (2001). The benefits of interventions for work-related stress. *American Journal of Public Health, 91*(2): 270-276.

Vézina, M., Bourbonnais, R., Malenfant, R., Viens, C. et Brisson, C. (2002). *Impacts des restructurations hospitalières sur la santé des soignants et perspectives de prévention*. Tunis: Ve conférence mondiale de la CIST sur la santé au travail des travailleurs de la santé, 27 septembre.

Vézina, M. (1999). Organisation du travail et santé mentale: état des connaissances et perspectives d'intervention. *Revue de médecine du travail, 26*(1): 14-24.

Viens, C., Lavoie-Tremblay, M. et Mayrand Leclerc, M. (2002). *Optimisez votre environnement de travail en soins infirmiers*. Cap Rouge. Québec: Presses Inter Universitaires.

Viens, C. et Lavoie-Tremblay, M. (2001). Quand la profession infirmière prend un coup de vieux! *Infirmière Canadienne, 2*(3): 4-9.

Viewpoints Research (2002). *Nurses' Definitions of Respect and Autonomy in the Workplace: Summary of Focus Group with Canadian Nurses*. Dans le Rapport final, Comité consultatif des ressources humaines en santé. Site Internet de Santé Canada: *http://www.hc-sc.gc.ca*

Villeneuve, M., Semogas, D., Peereboom, E., Irvine, D., McGillis Hall, L., Walsh, S., O'Brien-Pallas, L. et Baumann, A. (1995). *The Worklife Concerns of Ontario Nurses: Final Report*. Ontario: Ministry of Health/Faculty of Nursing, University of Toronto, Working Paper Series. 11 p.

Walker, A. (1999). *La gestion d'effectifs vieillissants, Guide des bonnes pratiques*. Fondation européenne pour l'amélioration des conditions de vie et de travail. Site Internet: *www.eurofound.eu.inf*

Weisman, C.S. et Nathanson, C.A. (1985). Professional satisfaction and client outcomes: A comparative organizational analysis. *Medical Care, 23*(10): 1179-1192.

Wils, T., Labelle, C., Guérin, G. et Tremblay, M. (1998). Qu'est-ce que la mobilisation des employés? Le point de vue des professionnels en ressources humaines. *Gestion, 23*: 30-39.

WOMACK, J.P., JONES, D.T. et ROOS, D. (1990). *The Machine that Changed the World.* New York : Rawson Associates.

WORTSMAN, A. et LOCKHEAD, C. (2002). *Full-Time Equivalents and Financial Costs Associated with Absenteeism, Overtime, and Involuntary Part-Time Employment in the Nursing Profession.* Ottawa : Report commissioned for the Canadian Nursing Advisory Committee.